사람답게 산다는 것

너머학교 열린교실 10

사람답게 산다는 것

오창익 글 홍선주 그림

너머학교

사람은 자연학적으로는 단 한 번 태어나고 죽지만 인문학적으로는 여러 번 태어나고 죽습니다. 세포의 배열을 바꾸지도 않은 채 우리의 앎과 믿음, 감각이 완전 다른 것으로 변할 수 있습니다. 이것은 그리 신비한 이야기가 아닙니다. 이제까지 나를 완전히 사로잡던 일도 갑자기 시시해질 수 있고, 어제까지 아무렇지도 않게 산 세상이 오늘은 숨을 조이는 듯 답답하게 느껴질 때가 있습니다. 내가 다른 사람이 된 것이지요.

어느 철학자의 말처럼 꿀벌은 밀랍으로 자기 세계를 짓지만, 인간은 말로써, 개념들로써 자기 삶을 만들고 세계를 짓습니다. 우리가 가진 말들, 우리가 가진 개념들이 우리의 삶이고 우리의 세계입니다. 또 그것이 우리 삶과 세계의 한계이지요. 따라서 삶을 바꾸고 세계를 바꾸는 일은 항상 우리 말과 개념을 바꾸는 일에서 시작하고 또 그것으로 나타납니다. 우리의 깨우침과 우리의 배움이 거기서 시작하고 거기서 나타납니다.

아이들은 말을 배우며 삶을 배우고 세상을 배웁니다. 그들은 그렇게 말을 만들어 가며 삶을 만들어 가고 자신이 살아갈 세계를 만들어 가지요. '생각교과서―열린교실' 시리즈를 준비하며, 우리는 새로운 삶을 준비하는 모든 사람들, 아이로 돌아간 모든 사람들에게 새롭게 말을 배우자고 말하고자 합니다.

무엇보다 삶의 변성기를 경험하고 있는 십대 친구들에게 언어의 변성기 또한 경험하라고 말하고 싶습니다. 그래서 자기 삶에서 언어의 새로운 의미를 발견한 분들에게 그것을 들려 달라고 부탁했습니다. 사전에 나오지 않는 그 말뜻을 알려 달라고요. 생각한다는 것, 탐구한다는 것, 기록한다는 것, 느낀다는 것, 믿는다는 것, 본다는 것, 읽는다는 것, 잘 산다는 것, 사람답게 산다는 것……. 이 모든 말의 의미를 다시 물었습니다. 그리고 서로의 말을 배워 보자고 했습니다.

'생각교과서―열린교실' 시리즈가 새로운 말, 새로운 삶이 태어나는 언어의 대장간, 삶의 대장간이 되었으면 합니다. 무엇보다 배움이 일어나는 장소, 학교 너머의 학교, 열려 있는 교실이 되었으면 합니다. 우리 모두가 아이가 되어 다시 발음하고 다시 뜻을 새겼으면 합니다. 서로에게 선생이 되고 서로에게 제자가 되어서 말이지요.

2014년 봄 고병권

차례

착한 경찰관 아저씨,
하지만……

2012년 9월 인터넷 사이트에 어떤 착한 경찰관 이야기가 실렸어요. 국회 앞에서 중증 장애인이 일인 시위를 하는데, 마침 비가 왔어요. 이 경찰관은 휠체어에 앉아서 비를 맞고 있는 장애인을 외면할 수 없었는지 우산을 펴 들고 씌워 주었지요. 그 장면을 누군가 촬영을 했고, 이 사진이 인터넷에서 금세 화제가 된 거예요. 보통 집회나 시위가 있을 때, 경찰관의 역할은 집회나 시위에 참가한 사람들을 통제하거나 질서를 지키도록 하는 게 대부분인데, 이 경찰관은 달랐던 거죠.

인터넷에선 경찰관에 대한 칭찬이 이어졌어요. 그 경찰관은 언론과의 인터뷰에서 "중증 장애인이 비가 오는데 일인 시위를 했다면 누구든지 똑같이 했을 것"이라며 "당연한 일을 했을 뿐"이라고 겸손하게 말했어요. 게다가 후임 근무자에게 일인 시위가 끝날 때까지 우산을 씌워 주라는 당부도 잊지 않았다더군요.

그 일이 있고 난 바로 며칠 뒤 서울 DPI(Disabled People's International, 장애인연맹)에 강의하러 갔다가, 그 장애인, 착한 경찰관이 펴 든 우산 밑에 있었던 그 장애인을 직접 만났어요.

아 참, 제 소개부터 해야겠군요. 제 이름은 오창익. 학교 졸업한

뒤에 사회에 나와서는 쭉 인권운동만 했어요. 첫 직장은
천주교정의구현전국사제단, 두 번째 직장은 천주교
인권위원회였어요. 두 곳에서 사무국장으로 일했고,
1999년부터는 인권연대라는 단체에서 사무국
장으로 일하고 있어요. 직업이 인권운동인
셈이죠.

　직업이 인권운동이라니, 조금은 낯설겠죠. 하지만 한국만이
아니라, 세계 곳곳에는 저처럼 인권운동을 하면서 사는 인권운동가
들이 제법 있답니다. 인권운동가가 무슨 일을 하는지는 인권운동을
하는 사람들마다 조금씩은 다 달라요.

　지금 이 책을 쓰고 있는 것처럼 글을 통해 인권운동을 할 수도
있고, 강의를 하거나 신문이나 방송 등을 통해 발언을
할 수도 있어요. 거리에 나가 직접 시민들에게
이야기를 하는 방법도 있죠. 억울한 사람들의
사연을 듣고 뭔가 도울 일을 찾거나, 잘못된
제도나 관행을 고치는 일을 하기도 하죠.
인권을 기준으로 생각하고, 인권을
기준으로 볼 때 우리 사회가 부족한
점이 있다면 고치려고 노력하는 사람들이
바로 인권운동가예요.

인권운동의 일환으로 그날도 장애인 분들에게 강의를 하러 간 거예요. 우산을 썼던 그분도 강의를 들으러 오신 거죠. 그분은 뇌병변 중증 장애인으로 몸을 자유롭게 움직일 수 없었고, 말을 하기도 힘든 장애인이었어요. 컴퓨터를 이용해 대화를 나눴어요. 그분은 자신이 화제가 된 바로 그 주인공이라면서, 그때 자신은 그 경찰관 때문에 많이 불편했다고 했어요. 어라, 무슨 까닭일까요? 뜻밖의 반응이었어요. 그 경찰관은 아무런 대가를 바라지 않고 그저 친절을 베풀었을 뿐인데, 그분은 왜 많이 불편했을까요? 그 친절 때문에 비를 피할 수도 있었잖아요. 그런데 왜?

불편했다는 그 장애인의 말씀에는 제가 지금부터 이야기하려는 '사람답게 산다는 것'의 중요한 의미가 들어 있어요. 그 장애인이 왜 불편했는지는 이 책의 마지막 부분에서 다시 이야기할게요. 왜 그랬을까를 생각하며 이 책을 읽으면 좋을 거예요.

사람답게 사는 건 어떻게 사는 걸까요? 사람마다 조금씩 다르겠죠. 하지만 뭔가 억울한 일을 당했을 때, 누군가의 오해 때문에 마음에 상처를 받았을 때, 건강하지 못할 때, 하고 싶은 일을 하지 못할 때는 사람답게 살지 못한다고 여기겠지요. 전쟁처럼 참담한 일을 겪거나, 가난이나 굶주림, 억울함을 겪을 때마다 사람들은 더욱 절실하게 '이렇게 살면 안 된다.'는 생각을 했어요. 그건 사람답게 사는 게 아니잖아요. 그래서 세계 곳곳의 사람들은 사람답게 살기 위해 꼭 필요한 개념, 사람다운 삶을 위한 가장 중요한, 그리고 가장 확실한 열쇠를 찾게 된 거죠. 그게 바로 인권(人權, Human Rights)입니다. '사람답게 살고 싶다!'는 사람들의 열망이 만들어 낸 지난 세기의 가장 위대한 발명품입니다.

묻지도 따지지도 않고
주는 것

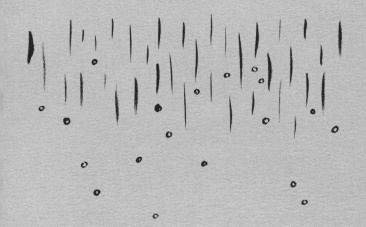

인권이 뭐기에

인권(人權)이란 단어는 한자로 된 개념어입니다. 사람들이 머릿속에서 지어낸 말이고, 사람들의 필요에 의해 만들어진 말이에요. 인권은 어느 날 갑자기 발견된 게 아니라, 사람들에 의해 발명된 개념이에요.

개념어인 만큼, 시각, 청각, 후각, 미각, 촉각 등 우리의 감각을 모두 동원해도 인권이 뭔지는 알 수 없어요. 무색무취, 모양도 없고 맛을 볼 수도 없어요.

인권을 흔히들 무지개에 비유하기도 해요. 무지개는 빨강, 주황, 노랑, 초록, 파랑, 남색, 보라 등의 일곱 빛깔이 잘 어우러져야 하죠. 이 중에 더 중요한 색깔은 없어요. 제각각 다 중요하죠. 빨강이 파랑보다 더 중요하거나, 보라는 노랑보다 덜 중요하지 않지요. 그래서 LGBT[레즈비언(lesbian), 게이(gay), 양성애자(bisexual), 트랜스젠더(transgender)의 앞 글자를 딴 것으로 성적 소수자를 의미합니다.] 등의 성소수자들은 인권의 상징을 흔히 무지개로 표현하기도 하죠. 물론 이건 상징일 뿐이에요.

인권이란 단어는 사람 인(人) 자와 권세, 권리 권(權) 자를 붙여서 만든 말입니다. 그러니까 인권이란 말은 '사람의 권리'를 줄인 말입니다. 이 단어는 19세기에 일본 사람들이 영어의 'Rights of Man'(예전에는 인권을 이렇게 썼어요. Man이란 단어가 남성만이 아니라, 인간 일반을 뜻하기도 했으니까요. 하지만 인권이 마치 남성들만 가지는 것처럼 오해될 수도 있기에, 지금은 Man 대신 Human이란 단어를 씁니다.)을 번역한 말입니다. 일본 사람들이 '인권'이라고 번역했지만, 이 단어는 한국과 중국에서도 똑같이 씁니다. 영어(Human Rights), 프랑스어(Droits de l'Homme), 독일어(Menschenrechte), 스페인어(Los Derechos Humanos)도 마찬가지입니다. 어느 나라 말로 표현해도 인권은 '사람+권리', 곧 사람의 권리란 뜻입니다. 아주 간단히 말한다면, 인권에 대해 알려면 '사람' 그리고 '권리'란 말만 정확히 이해하면 알 수 있다는 뜻도 되겠지요.

하지만 사람이 무엇인지 안다는 것은 그리 쉬운 일만은 아닙니다. 국어사전을 한번 살펴볼까요. 국어사전은 사람과 인간이란 단어에 대해 약간 다르게 설명하고 있습니다. 그러나 대동소이합니다. 한번 보시죠. 먼저 사람에 대한 정의입니다.

두 발로 서서 다니고 언어와 도구를 사용하며, 문화를 향유하고 생각과 웃음을 가진 동물

다음은 인간에 대한 정의입니다.

직립보행을 하며, 사고와 언어 능력을 바탕으로 문명과 사회를 이루고
사는 고등동물

거의 같은 말입니다. 사전은 사람이 가진 몇 가지 특징을 통해 사람이 어떤 존재인지, 사람이 다른 동물들과 어떻게 다른지 알려 주고 있습니다. 그것은 ①직립보행(두 발로 서서 다니기) ②언어 사용 ③도구 사용 ④문화 향유 ⑤생각 ⑥웃음 ⑦사회입니다.

대표적으로 이런 일곱 가지의 특징이 사람과 다른 동물을 구별합니다. 하지만 하나씩 따져 보면, 사람이란 존재를 설명하기에 조금씩 부족해 보입니다.

첫째, 직립보행은 두 발로 걷지 못하는 장애인들이나 갓난아이들을 설명하는 데 부족함이 있습니다. 두 발로 걷지 못한다고 사람이 아니라고 할 수는 없잖아요.

둘째, 언어는 사람을 동물과 구별하는 중요한 특징이지만, 역시 같은 문제에 부딪히게 됩니다. 언어로 표현할 수 없거나 표현하기 힘든 사람들의 경우엔 어떻게 하죠? 아직 말을 배우지 않은 어린 아기들도 마찬가지입니다. 지적 장애나 정신 장애 때문에 언어 능력을 잃어버린 사람들도 있을 수 있습니다. 첫 번째 정의와 마찬가지로

곤혹스러운 상황에 빠지게 됩니다.

　나머지 특징들도 마찬가지입니다. 물론 이와 같이 특징을 기준으로 한 정의는 사람이 가진 일반적인 특징을 거론하는 것일 뿐입니다. 휠체어 사용 장애인이 지금 당장 직립보행을 못 한다고 해도, 그에게는 인류가 오랫동안 직립보행을 하면서 쌓았던 특징이 유전자에 고스란히 남아 있을 테니까요. 직립보행에 적당한 골격 구조와 두뇌 구조, 또는 도구를 사용하기에 편리하게 진화한 손 같은 것 말이죠.

　하지만 여전히 이런 특징만으로는 사람이란 존재를 온전히 드러내기에는 부족함이 있어 보입니다. 돌고래에게도 언어가 있고, 영장목에 속한 다른 동물들에게서도 직립보행, 언어, 도구 같은 특징을 찾아볼 수 있기도 합니다. 생각, 웃음, 사회라는 표지도 꼭 사람만의 특성은 아닌 것 같아요.

　사전에 나온 일곱 가지만 꼽아 봤는데도, 사람이 무언지를 알려주는 이런 특징들은 모두 맞기도 하고, 또 좀 부족하거나 틀리기도 하다는 것을 알 수 있습니다. 하지만 걱정할 필요는 없어요. 사람이란 존재를 어떻게 정의하든 간에 우리는 이미 사람이 무엇인지 잘 알고 있으니까요. 우리가 바로 사람이잖아요.

사람을 정의하면, 자칫 배제로 이어진다

"사람은 이런 존재다."라는 정의는 자칫하면 배제로 이어질 수 있어요. 아메리카 대륙의 선주민들도 한동안 사람이 아닌 어떤 존재로 배제되기도 했고, 노동력을 보충한다며 자행한 인간 사냥에 잡혀 노예로 끌려왔던 아프리카 사람들도 사람 아닌 존재 취급을 받았습니다. 오랜 세월 동안 여성이 그랬고, 장애인이나 성적 소수자가 그랬습니다. 자본주의가 전 지구적 시스템으로 정착되면서 가난한 사람들이 그 자리를 차지하기도 했습니다. 극단적인 종교 교리가 사람을 배제하기도 하고, 휴머니즘에 기반을 두지 않은 잘못된 사상이 그런 역할을 하기도 합니다.

아프리카 출신 사람들이 당하는 고통은 노예해방에도 불구하고 지금도 계속되고 있습니다. 미국만 해도, 아프리카계 소년이 경찰의 무자비한 총질에 희생되었다는 뉴스를 종종 접할 수 있습니다. 최초의 아프리카계 대통령이 탄생한 지금도 인종적 편견이 심하고, 아프리카계 미국인들을 2등 국민 취급하는 일이 반복되고 있습니다. 이들에 대한 차별은 학업, 구직 활동, 취업 등이나, 이에 따른 소득 격차에서만 나타나는 것은 아닙니다. 법 앞의 평등도 심각하게 훼손된 상태입니다.

'홀로코스트'라는 반인류 범죄를 저지른 히틀러 같은 전쟁광도 있었지요. 히틀러는 짧은 기간에 수백만 명의 유태인을 학살했어요. 남녀노소를 따지지 않고 무차별 학살을 했습니다. 자기들과 다른 어떤 범주에 속해 있다는 이유만으로 죽여 버린 '범주(範疇) 살해'였어요.

홀로코스트 직후, 극단적인 유태인들은 미국이나 영국 정부를 움직여, 2천 년 전의 고향이라며 팔레스타인 지역에 유태인만의 나라 '이스라엘'을 건국합니다. 2천 년 넘게 팔레스타인 지역에 살던 팔레스타인 사람들에게는 청천벽력과도 같은 일이었습니다. 1948년 5월 14일의 이스라엘 건국은 그래서 팔레스타인 사람들에겐 '대재앙의 날'이 되었습니다.

이스라엘 건국 이후, 지금까지 유태인들은 팔레스타인 사람들을 내쫓아 왔습니다. 수백만 명의 난민이 생겼고, 어린이를 비롯한 많은 팔레스타인 사람들이 이스라엘 군인들에 의해 희생되었습니다. 지금도 이스라엘 정착촌 보호를 핑계로 높이 5m가 넘는 분리 장벽을 세워 팔레스타인 사람들을 고립시키고 있습니다. 직장을 구하지 못하거나 교육을 받지 못함은 물론, 식량도 물도 제대로 공급받지 못하게 하여 팔레스타인 사람들을 고향 땅에서 내쫓으려는 것입니다. 어제까지 약자였으며 피해자였던 사람들이 오늘은 핵무기와 미국의 지원에 힘입어 강자가 되어 또 다른 약자를 피해자로 만들어 버리는 역사의 아이러니가 반복되고 있습니다.

아주 먼 옛날, 또는 아주 먼 나라에서만 그런 일이 있는 건 아닙니다. 일제의 강점에서 해방되었을 때, 그리고 뒤이은 한국전쟁 전후의 한반도 전역은 민간인 학살의 아수라장이었습니다. 한반도 곳곳에서도 범주 살해가 자행되었지요. 평화롭게 함께 살던 이웃이나 친척이 갑자기 광기 어린 학살자가 되기도 했고, 제주 4·3 사건처럼 외부인들에 의한 학살도 적지 않았습니다. 제주, 거창, 고양 등 전국

곳곳에서 학살이 자행되었습니다. 가슴 아픈 역사도 제대로 배우고 기억해야 같은 실수나 잘못을 되풀이하지 않을 텐데, 우리의 역사 교과서는 이 같은 아픔을 제대로 다루지 않고 있습니다.

만약 한반도 지도를 놓고, 민간인 학살이 자행된 곳을 점으로 표시하라고 한다면, 아마 한반도 지도는 빈틈없이 점으로 채워야 할 것입니다. 빨갱이, 또는 우익 반동을 죽여야 한다는 선동이 집단 학살을 불러왔습니다. 학살의 대상을 찾지 못하면, 그 가족을 대신 죽이는 대살(代殺)까지 서슴지 않았습니다. 갓 태어난 아기나 어린이들도 죽였습니다. 아무리 혼란한 시기였다고 해도, 어린아이까지 죽이는 저 무서운, 그리고 무모한 광기는 어디서 비롯된 것일까요? 어떻게 사람이 같은 사람을 이렇게까지 참혹하게 대할 수 있었을까요?

어떤 근사한 명목을 내걸었더라도 이런 짓은 범죄에 불과합니다. 인류가 벌인 끔찍한 범죄가 어디 이뿐이겠습니까? 남수단의 다르푸르, 인도의 카슈미르, 시리아, 중국의 티베트나 신장웨이우얼 등 세계 곳곳이 아파하고 있습니다. 범죄의 목록은 끝없이 이어지고 있습니다. 이유가 있겠지요. 권력을 지키기 위해, 종교가 달라서, 상대방이 미워서, 자기들이 우월하다는 것을 입증하기 위해, 더 많은 돈을 위해……. 여러 가지 이유가 있겠지만, 같은 사람을 죽이고 괴롭히고 내쫓고 끝도 없는 고통을 주는 이 더러운 범죄들은 어디서 비롯된 것일까요?

일상에서도 그런 일들은 적지 않아요. 단지 힘이 부족하거나 돈이 없다고, 나이가 어리다고 사람대접을 받지 못하는 일들은 너무 자주 일어나요. 지금은 가정 폭력에 대한 경각심이 커졌지만, 불과 10여 년 전만 해도, 어떤 남성이 여성을 두들겨 패는 도대체 이해할 수 없는 일을 길거리에서도 목격할 수 있었어요. 그럴 때 주변 사람들이 말리면, 그 남성은 "내 마누라를 내가 팬다는데, 너희가 무슨 상관이냐?"라고 했어요. 아내를 자기와 같은 사람이 아니라, 자기가 맘대로 해도 되는 존재로 여겼던 거죠. 이런 일들은 가정 폭력에 대한 처벌이 강화된 다음에는 많이 사라졌지만, 여전히 곳곳에서 비슷한 고통은 계속되고 있어요.

어느 지역이나 그 지역의 이름을 딴 학교들이 있어요. 서울고등학교, 대전고등학교, 춘천고등학교, 청주고등학교, 광주고등학교, 경북고등학교 등이 그렇죠. 그런데 이들 학교들은 전부 남자 학교예요. 여자 학교의 경우에는 '여자'라는 말을 따로 붙여서 학교 이름을 만들었어요. 서울여자고등학교, 대전여자고등학교, 춘천여자고등학교 하는 식이죠. 왜 남자고등학교에는 '남자'라는 말을 붙이지 않고, 여자고등학교에만 '여자'라는 말을 붙인 걸까요? 주민등록번호의 경우에도 왜 남성은 1 또는 3으로 시작하면서, 여성은 그다음 숫자인 2 또는 4로 시작하도록 만든 걸까요?

그건 오랫동안 남성은 주류, 여성은 비주류로 여겼기 때문이죠. 주류에는 별도의 이름을 붙일 필요가 없었던 거죠. 비주류나 소수의 지위에 있는 사람들이 주류나 다수의 지위에 있는 사람들보다 왠지 뭔가 부족하거나 못나 보인다는 의미가 담겨 있기도 해요. 심지어 아예 사람 취급을 하지 않는 일도 많았어요.

　　아메리카 선주민, 아프리카 사람들, 유태인, 팔레스타인 사람들, 그리고 한국의 민간인 학살의 희생자들. 이들은 각기 처지는 달랐지만, 아무 잘못 없이 죽임을 당했고, 온갖 핍박을 받았습니다. 죽임과 핍박의 이유는 한 가지입니다. 사람이 같은 사람에게 그렇게까지 잔인해질 수 있던 것은 바로, 희생된 사람들을 같은 사람이라고 여기지 않았기 때문입니다. 범주 살해의 경우가 특히 그렇습니다. 오로지 하나의 이유, 그가 아메리카 선주민이었고, 아프리카 사람이었고, 유태인 또는 팔레스타인 사람이었거나, 빨갱이였다는 것 때문이었습니다. 같은 사람으로 여기지 않았던 것입니다.

　　어떤 사람들을 같은 사람으로 여기지 않는 광기가 불러온 가장 큰 참화는 역시 전쟁이에요. 그런데 역설적으로 인권이 세계적 화두로 떠오른 것은 바로 이 전쟁 때문이었습니다. 사실 '역설적'일 것도 없겠네요. 물이 없거나 부족할 때 물이 얼마나 소중한지 아는 것처럼, 전쟁이라는 가장 반인권적인 상황이

인권을 세계 무대로 불러낸 거였어요. 인권이 없는 가장
극명한 상태인 전쟁을 겪으면서 인류는 성찰을
시작했고, 그 성찰을 통해 얻은 답이 바로
인권이었어요.

　제2차 세계대전은 인류가 그동안 쌓아
왔던 온갖 과학기술의 성과를 비롯한 모든
역량을 쏟아부은 인류 역사상 가장 큰 전쟁이었어요. 당연히 가장
많은 희생을 낳았지요. 가능한 모든 무기가 활용되었고, 미국은 일
본을 상대로 핵 공격을 감행했어요. 이미 전쟁의 승패는 판가름이
난 상황이었는데도 미국은 일본 본토를 원자폭탄으로 가격해 버렸
어요. 미군 포로수용소가 없는 두 개의 도시가 폭격 대상이 되었습
니다. 1945년 8월 6일, 일본 히로시마에 떨어진 원자폭탄으로 33만
명의 히로시마 시민 중에서 14만 명이 1945년 말까지 죽었고, 1950
년까지 6만 명이 더 죽어 나갔습니다. 3일 뒤에 원자폭탄이 떨어진
나가사키의 피해도 비슷했습니다. 24만 명의 나가사키 시민 중에서
7만 명이 곧바로 죽었습니다.

　지금은 러시아인 소련은 제2차 세계대전의 가장 큰 피해자였습니
다. 무려 2천만 명이 전쟁에서 죽었습니다. 세계적으로는 5천만 명
이상이 죽어 갔습니다. 도저히 납득할 수 없는 일이 벌어진 것입니
다. 전쟁, 홀로코스트, 파괴와 학살, 굶주림과 가족을 잃는 고통 등을

한꺼번에 겪은 인류에게 남은 것은 아무것도 없었습니다. 인류는 끔찍한 자기 파괴를 경험하고서야 성찰을 시작했습니다.

> ……인권을 무시하고 경멸하는 만행이 과연 어떤 결과를 초래했던가를 기억해 보라. 인류의 양심을 분노케 했던 야만적인 일들이 일어나지 않았던가?
> 그러므로 오늘날 보통 사람들이 바라는 지고지순의 염원은 '이제 제발 모든 인간이 언론의 자유, 신념의 자유, 공포와 결핍으로부터의 자유를 누릴 수 있는 세상이 왔으면 좋겠다.'는 것이리라…….

세계인권선언 '전문(前文)'의 한 대목입니다. 그래요. 인권을 무시하고 경멸한 결과, 끔찍한 참화라는 야만적 행위를 겪었으니, 더 이상 야만적 행위에 인류의 운명을 맡겨 놓을 수 없다는 성찰은 아주 당연한 것이었습니다. 그 정도 겪고도 성찰이 없다면, 그렇게 당하고도 바꾸지 않는다면 사람일 수 없겠지요.

자, 긴 이야기를 이제 마무리해야겠네요. 인권은 '사람의 권리'지만, 단지 '사람의 권리'라고만 정의했을 때, 정작 그 사람들이 이런저런 이유로 나 또는 우리와 다르다면 사람 취급을 하지 않는 경우엔 문제들이 있다는 걸 살펴봤어요.

어떤 이유로든 사람을 이편과 저편으로 가르고 미워하는 일, 심지어 상대편 사람들을 아예 같은 사람으로 여기지 않는 태도가 극단적으로는 범주 살해, 전쟁 등으로 이어지기도 해요. 인권은 '사람의 권리'지만, 어떤 사람들은 아예 사람 취급도 못 받는 상황에서 이 같은 정의는 무기력하답니다. 그러니 보완이 필요하겠죠.

사람들 사이의 차이는 당연하다

사람에게 인권이 필요한 까닭은 사람이란 존재가 존엄하고 가치 있다고 여기기 때문이에요. 귀한 존재이니, 귀한 대접을 받아야 한다는 거죠. 사람이 마땅히 받아야 할 귀한 대접을 인권이란 말로 함축해 놓은 거죠.

왜 사람이 귀한 존재일까요? 그건 우리가 모두 다 다르기 때문이에요. 쌍둥이도 자세히 보면 얼마나 다른데요. 사람이 존엄하고 가치 있다는 건, 바로 이런 점 때문이에요. 70억이나 되는 많은 사람 중에도, 인류의 오랜 역사를 거슬러 올라가도, 어떤 사람이든 그 사람은 독특하고 고유한 존재라는 거예요. 세상에 하나밖에 없는 존재, 이전에도 없었고 앞으로도 없을 유일한 존재이니 귀한 거지요. 다른 존재와의 다름, 곧 차이 때문에 유일한 존재가 될 수 있는 것이고, 그 차이가 바로 존엄과 가치의 가장 중요한 근거가 되는 거예요.

그런데 사람들은 어리석게도 이 다름, 사람들 사이에 당연히 있을 수밖에 없는 차이를 갖고 차별을 합니다. 딱한 일이죠.

모든 차별이 다 나쁘지만, 특히 고약한 차별은 그 사람이 선택하지 않은, 그 사람의 책임이라고는 눈곱만큼도 없는 것으로 차별하는 거예요. 정말 나쁜 차별이에요. 성별, 장애, 나이, 출신 지역, 출신 국가, 신체 조건, 가족 관계, 인종, 피부색 같은 것들은 나의 선택과는 무관한 것들입니다. 누구도 남성으로 또는 여성으로 태어나겠다고 스스로 선택하지 않았고, 어떤 사람도 언제 태어나겠다고, 어느 나라의 어떤 지역에서 태어나겠다고 선택하지 않았어요. 그런데도 그런 것들을 갖고 차별을 하는 사람들은, 정말이지 고약한 사람들이죠.

'사람의 권리'가 아닌 '모든 사람의 권리'

자, 이렇게 사람들 사이의 당연한 차이로 인한 차별 때문에, 똑같은 사람인데도 사람대접을 못 받는 사람들에게 필요한 것이 바로 인권입니다. 그런데 인권이란 말이 단지 '사람의 권리'라는 뜻만 갖는다면, 어떤 이유로 아예 사람의 범주에 들지 못하는 사람들("여자가 무슨 사람이야." 같은 잘못된 태도로 인해 차별당하는 사람들)의 문제를 풀지 못할 수도 있어요. 어떤 완고한 사람들, 꽉 막힌 사람에겐 사람이란 존재는 자기가 인정하는 사람들만을 의미하기도 하니까요. 그래서 보완이 필요해요.

보완을 하기 위해서는 딱 두 글자의 관형사만 있으면 돼요. 바로 '모든' 이지요. '모든'은 '남거나 빠짐없이 전부다'란 뜻을 가지니까, 인권을 단지 '사람의 권리'가 아니라, '모든 사람의 권리'라고 하면, 이젠 안전해지겠죠.

자, 기억해 보세요. 인권은 '모든 사람의 권리'예요. 인권이 모든 사람의 권리라는 건, 인권이 가지는 가장 중요한 원칙, 곧 보편성, 평등성의 원칙이에요. 보편성의 원칙은 또한 인권의 잣대이기도 해요. 어떤 권리가 모든 사람에게 있으면 인권, 그게 아니라 어떤 사람들에게만 있다면 특권이 되죠. 그러니 인권과 특권은 결코 공존할 수 없는 적대적 개념입니다. 인권이 있으면 특권은 사라지고, 특권이 있으면 인권이 설 자리는 없게 되죠. 그래서 특권은 반(反)인권이라고도 부릅니다.

인권이 모든 사람의 권리라는 것은 저 같은 인권운동가들의 주장만은 아니에요. 당장 우리 헌법만 봐도 쉽게 알 수 있죠. 우리 헌법은 제10조부터 제37조까지 국민의 권리에 대해 언급하고 있는데, 모두 같은 문장이 반복되고 있어요.

제10조 모든 국민은 인간으로서의 존엄과 가치를 가지며, 행복을 추구
　　　 할 권리를 가진다.

제11조 모든 국민은 법 앞에 평등하다.

제12조 모든 국민은 신체의 자유를 가진다.

제13조 모든 국민은 행위 시의 법률에 의하여 범죄를 구성하지 아니하
　　　 는 행위로 소추되지 아니하며, 동일한 범죄에 대하여 거듭 처벌
　　　 받지 아니한다.

제14조 모든 국민은 거주·이전의 자유를 가진다.

제15조 모든 국민은 직업 선택의 자유를 가진다.

이렇게 우리 헌법은 개별적인 자유와 권리에 대해 언급하면서, 매번 "모든 국민"을 강조하고 있어요. 서울특별시민만, 남성만, 일정한 액수 이상의 소득이 있는 사람만, 비장애인만, 또는 이성애자나 고학력자만 자유와 권리를 누릴 수 있는 게 아니라는 거죠.

우리 헌법은 제31조에 교육받을 권리에 대해 규정하고 있는데, 자, 그럼 교육받을 권리를 가지는 사람은 누구일까요? 문제가 쉽죠? 답은 당연히 '모든 국민'입니다. 조문을 볼까요? "모든 국민은 능력에 따라 균등하게 교육을 받을 권리를 가진다."

자, 다시 한번 새겨 볼까요? 인권은 '모든 사람의 권리'입니다. 누군가 어떤 이유로든 인권을 보장받지 못한다면, 그게 바로 인권침해

이고, 반인권이며, 차별이 됩니다. '~에도 불구하고' '언제나' '어디서나' '누구나' 이런 표현들이 인권을 설명하는 중요한 까닭을 아시겠죠?

● 인권, 기본권, 이권, 물권

2013년 11월 30일 밀양 송전탑 건설을 반대하는 '희망버스 문화제'에서 노래하는 주민들의 모습. 송전탑 때문에 인간다운 생활이 어려운 상황이므로, 이 경우는 이권이라기보다는 인권의 문제로 보아야 한다.

인권(人權)과 비슷한 말들이 많아요. 일단 기본권(基本權)이란 말이 그렇죠. 말뜻만 보면 기본적으로 갖는 권리라는 뜻일 텐데, 구체적으로 살펴보면 법률로 인정하는 권리라는 뜻이에요. 이를테면 양심에 따른 병역 거부나 동성끼리의 결혼은 아직 우리나라에서는 법으로 허용되지 않는 권리예요. 이런 권리들은 인권임에는 틀림없지만, 우리나라에서는 아직까지 기본권으로 보장되지는 않고 있어요. 그러니까 기본권은 인권의 부분집합이라고 하면 좋겠네요.

이권(利權)의 경우에는 부정적인 이미지가 많죠. 맞아요. 권리는 맞는데, 공동체적인 요소가 빠져 있다거나, 인간 존중의 가치가 빠져 있는 경우에는 이권이라고 하죠. 자기가 사는 동네에 장애인 시설이 들어온다고 반대하는 경우가 그래요. 장애인 시설도 동네에 있어야, 동네의 장애인들도 좀 더 편하게 여러 가지 서비스를 받을 수 있잖아요. 그런데 장애인에 대한 배타적인 시각이나 그저 막연하게 집값이 떨어질지 모른다는 이유로 자기 권리가 침해된다고 여기는 사람들도 있죠. 이때 침해되는 권리는 인권이기보다는 이권이라고 부르는 게 맞을 거예요.

물권(物權)은 특정한 물건에 대해 갖는 개별적인 권리예요. 보편적인 권리는 아니지요. 땅이든 재산이든 어떤 구체적인 것을 내가 소유하는 권리죠.

이렇게 구분하는 것이 조금 모호할 때도 있어요. 전세권은 전형적인 물권이지만, 그 전세권이 보장되지 않는다면 추운 겨울에 쫓겨나야 하는 경우도 생기잖아요. 집이 없어지면 인간다운 생활을 할 수가 없으니, 이런 경우에는 물권이라고 해도, 인권으로, 곧 보편적인 권리로 인정받아야 해요.

이권도 마찬가지예요. 밀양 송전탑 문제에서 보듯이, 국가의 에너지 정책 전반과 밀접한 경우가 있죠. 또한 고압의 전류가 흐르는 송전탑이 건설되면 암 발생률이 높아지고 생활 자체가 어려워지는 상황이라면, 아무리 국가적 필요가 있다고 해도 지역 주민들에게는 반대할 수 있는 이유와 명분이 명확한 거죠. 이런 경우엔 인권이라 할 수 있는 거죠. 기본권도 마찬가지예요. 아직 법률은 없지만, 정부의 조치나 판례에 의해 권리가 보장될 수도 있어요.

어떤 권리가 인권이 되느냐 아니면, 그저 이권에 머무느냐는 그 권리가 한 사람의 생존과 존엄과 가치를 보장하기 위해 필요한 것인가 아닌가, 그 권리를 행사하는 게 공동체 전체에 얼마나 이로운 건가, 또한 인간 존중이라는 대한민국 헌법의 기본 이념에 얼마나 잘 맞는가에 따라 달라질 수 있어요.

맘대로 누려도 될까?

의무를 다해야 권리가 생긴다는데?

자, 이제 '사람의 권리'에서 '사람'에 대해 알아봤으니, '권리'에 대해서도 알아볼까요?

모든 사람이 사람답게 살기 위해 필요한 것들을 권리로 보장받아야 한다는 것이 인권의 핵심입니다. 그런데 그 권리는 어떤 대가를 치르거나 비용을 지불한 다음에 얻는 것이 아닙니다. 우리가 버스나 지하철을 이용할 때, 미리 요금을 지불해야 버스나 지하철을 이용할 수 있는 것과는 다릅니다. 또한 인권을 누리기 위해 별도의 요건이 필요한 것은 아닙니다. 일정한 자격을 얻어야 하는 것도 아닙니다.

인권은 다만, 인간이라는 이유로 당연히 누리는 권리입니다. 인권을 설명할 때 꼭 필요한 말들 중에 '언제나' '어디서나' '누구나' 같은 말들이 있는 것처럼, 인권은 '묻지도 따지지도' 않습니다.

권리라는 뜻의 영어 단어 'right'는 형용사로 쓰면, '옳은, 올바른' '맞는, 정확한'이란 뜻도 있고, 명사로도 '옳은 것, 정당한 것'이란 뜻도 갖고 있습니다. 권리(right)라는 게 이기적인 개념이고, 자기중심적 개념으로 공동체를 무시하고 제 것만 챙기는 개념은 아니에요. 그것보다는 '맞는' '정당한' '옳은'이란 차원에서 새겨야 해요. 권리란 당연히 누려야 할 것입니다.

하지만 권리는 언제나 의무와 짝합니다. 마치 동전의 양면과도 같습니다. 동전의 한쪽 면만을 뚫는 게 불가능한 것처럼, 권리 없는 의무, 의무 없는 권리는 없습니다. 그런데 이 이야기를 혼동하면 안 됩니다. 방금 인권은 아무 전제 조건도 없는 공짜로 누리는 것이라고 해 놓고는, 곧바로 권리와 의무가 함께한다는 이야기를 하면, 헷갈릴 수도 있을 겁니다. 그건 우리가 의무를 이행해야 권리를 누릴 수 있다는 생각에 익숙하기 때문입니다. 학교에서도 주로 그렇게 가르치고, 사회도 그런 원리에 따라 움직이니까요. 세상에 공짜는 없다고들 하잖아요. 사실은 이 대목이 인권에서 가장 이해하기 힘든 부분입니다. 우리가 사는 이치와 너무 동떨어져 있으니까요.

당장, 학교 다니는 친구들에게 '학생의 본분(本分)'이 뭐냐고 묻는다면, 곧바로 '공부'라는 답이 자동적으로 나올 거예요. 맞아요. 학생은 공부하는 사람이지요. 그런데 이 공부란 것이 아무리 본분이라고 해도, 그게 의무는 아닌데, 많은 경우 공부가 학생의 의무라고 생각하는 경향이 있죠. 학생은 공부를 해야 하는 의무를 지니고 있다는 거죠. 이 의무를 잘 지켜야 무엇이든 권리도 주장할 수 있다고 여기는 사람들이 많아요.

"네 주장도 옳지만, 네가 그런 주장을
하려면 너도 먼저 네가 해야 할 일(의무)을
해야 하는 것 아니니." 이런 말은 너무
익숙하죠.

우리는 권리보다는
의무에 더 익숙합니다. 당장
'국민의 4대 의무' 하면 곧바로
'국방의 의무, 납세의 의무,
근로의 의무, 교육의 의무'란 답이
떠오르지요. 하지만 '국민의 4대
권리'가 뭐냐고 물으면, 누구든
선뜻 대답하기도 어렵습니다.
그런 것을 따로 정리해 둔
적도 없고, 누구도 가르쳐
주지 않으니까요.

어린이, 청소년은 어른들보다도 더 많은 인권을 누리고 보장받아야 합니다. 나이가 어리다는 이유로 차별당하기 쉬우니까, 더 많은 보호를 받아야 하는 거죠. 하지만 우리나라에서는 어린이, 청소년마저 국가를 위해 의무를 다해야 한다는 것만을 강조해서 가르치고 있습니다.

이를테면 이승복 어린이 사건이 대표적이죠. 1973년부터 1996년까지 초등학교 도덕 교과서에는 '반공 소년' 이승복 어린이 이야기가 실려 있었습니다. 1968년 울진 삼척 지역에 나타난 무장공비 앞에서 이승복 어린이가 "나는 공산당이 싫어요."라고 말했고, 이 때문에 무장공비가 이승복 어린이를 무참하게 살해했다는 이야기입니다. 북한의 무자비한 테러에 희생된 어린이가 죽는 순간까지 공산당이 싫다고 말했다는 이야기는 분단된 나라에서 어린이가 가져야 할 가장 모범적인 태도로 여겨지기도 했습니다. 그래서 곳곳의 초등학교에는 이승복 어린이 동상이 세워졌습니다. 정확한 통계는 없으나, 이순신 장군, 책 읽는 소녀와 함께 한국의 초등학교에 가장 많이 세워진 동상이 바로 이승복 어린이 동상일 겁니다.

그런데 이승복 어린이와 그의 가족이 무장공비에게 살해된 것은 사실이지만, 이 사건의 가장 극적인 핵심, 곧 "나는 공산당이 싫어요."라는 말은 사실 여부가 불확실한, 기자의 작문일 가능성이 높다는 주장이 끊임없이 제기되었습니다. 기자가 현장에 없었던 것은 물론이고, 특정 언론만 이승복 어린이의 말을 기사로 작성했다는 것 등이 의심스러웠죠.

사실 여부를 떠나서, 초등학교 2학년생 어린이가 특정 이념을 반대하고, 애국적 말을 쏟아 내며 죽어 갔다는 이야기가 어린이들의 모범이 되는 것은 문제가 있습니다. 그래서 민주화 이후에는 교과서에서도 빠지고, 더 이상 이승복 어린이 동상이 세워지는 일은 없어졌습니다. 어린이이기에 각별한 사랑과 배려, 인권 보장을 받아야 하는 것이 아니라, 어린이마저 이념 대결에서 나라를 위해 기꺼이 죽어 갈 수 있어야 한다는 생각 자체가 끔찍합니다.

네덜란드의 한 어린이가 마을을 지키기 위해 목숨을 걸었다는 이야기도 그렇습니다. 네덜란드 한 마을의 한스 브링커라는 어린이가 마을을 지키는 제방에 구멍이 나자 팔뚝으로 구멍을 막아 자신은 비록 희생되었지만, 마을을 구했다고 하는 이야기지요. 한스 브링커도 이승복과 함께 한국의 어린이, 청소년들이 따라 배워야 할 상징적 존재였습니다.

함석헌 선생님이 그러셨죠. "생각 있는 백성이라야 산다."라고 말입니다. 정말입니다. 조금만 생각해 보면, 네덜란드 어린이 이야기는 성립 자체가 불가능한 이야기라는 걸 알 수 있습니다. 어린이의 팔이 무슨 코르크 마개도 아니고, 형사 가제트처럼 자유자재로 변형이 가능한 것도 아닌데, 어떻게 물이 새어 나오는 제방의 구멍을 자기

팔뚝으로 막을 수 있었을까요? 이런 건 동화 속에서나 가능한 일이죠. 맞습니다. 이 이야기는 미국의 메리 메이프스 도지라는 동화 작가가 쓴 『한스 브링커 또는 은빛 스케이트』라는 동화책에 나오는 이야기였습니다. 네덜란드 사람들조차 모르는 꾸며 낸 이야기였던 겁니다.

이런 식의 이야기는 끝없이 이어집니다. 서울의 한 초등학교의 교가는 2절이 "우리는 나라의 ○○."이라는 가사로 끝납니다. ○○에 들어갈 말은 뭘까요? 희망, 새싹, 미래, 자랑 같은 말들이 떠오르겠죠? 어떤 사람은 '기둥'이나 '일꾼'을 떠올리기도 하겠네요. 하지만 나라의 중심이 되어 나라를 떠받치는 일은 아무래도 어른들의 몫이어야 할 것이고, 아동 노동은 금지되어야 할 인권침해니까 적절하지는 않겠네요. 그럼 뭘까요? 정답은 '방패'입니다. 어처구니없지요. 어린이가 칼이나 창을 막는 방패가 돼야 한다니. 아무리 나라의 형편이 곤궁하대도 어린이가 방패가 되는 일은 없어야 합니다. 어린이마저 방패로 써야 한다면, 그런 나라는 차라리 망하는 게 낫지 않을까요?

이런 국가주의 교육은 국민 일반뿐 아니라, 심지어 어린이, 청소년들까지 모두 국가를 위한 동원의 대상, 의무의 주체로만 여겨 왔습니다. 과연 그럴까요? 그게 답일까요? 권리와 의무가 짝이라는 건, 떼려야 뗄 수 없는 관계라는 말은, 누군가에게 권리가 있으면 다른 누군가에겐 반드시 의무가 있다는 것입니다. 마치 채권과 채무처럼 짝꿍이라는 겁니다. 그러면 여태껏 국가주의 교육이 국민의 의무만 강조해 온 것처럼, 국민에겐 의무가 있고, 국가에는 권리가 있다는 것일까요? 전혀 아닙니다. 완전히 거꾸로입니다.

국민에겐 권리, 국가에는 의무

인권은 지금껏 우리가 배웠거나 익숙한 논리와는 전혀 다른 차원에서 권리와 의무를 설명하고 있습니다. 김수환 추기경님을 아시나요? 2009년 2월에 돌아가신, 한국 천주교회의 지도자였어요. 김수환 추기경님이 돌아가시자, 천주교 신자들만이 아니라, 천주교를 믿지 않는 사람들까지 수십만 명의 시민들이 명동성당을 찾아 그분의 뜻을 기렸어요. 보수와 진보, 부자와 가난한 사람, 지역에 따라 갈등과 분열이 심한데도, 유독 김수환 추기경님만은 국민적 존경을 받은 분이었어요.

　김수환 추기경님은 인권과 민주주의의 발전을 위해서도 많은 노력을 하셨는데, 평소에 대한민국 헌법의 중요성에 대해 자주 언급하셨어요. 헌법 중에서도 특별히 중요한 조문이 있다고 하셨는데, 한번 함께 읽어 볼까요. 법 중의 법, 최고위 법, 대한민국 헌법의 제10조입니다.

모든 국민은 인간으로서의 존엄과 가치를 가지며, 행복을 추구할 권리를 가진다.

국가는 개인이 가지는 불가침의 기본적 인권을 확인하고 이를 보장할 의무를 진다.

헌법은 전형적인 두괄식 구조로 되어 있어요. 앞에 있는 조문일수록 더 중요하지요. 그러니까 헌법 제1조가 제일 중요하지요. 가장 중요해서 맨 앞에 둔 것이니까요. 그런데 헌법 제1조부터 제9조까지는 제1장 [총강]이라고 해서, 헌법의 이념에 대한 선언적 의미를 담고 있어요. 헌법 제1조는 "①대한민국은 민주공화국이다. ②대한민국의 주권은 국민에게 있고, 모든 권력은 국민으로부터 나온다."입니다. 두 개의 항으로 되어 있죠.

하지만 민주주의가 뭔지, 공화국이 무엇을 뜻하는지는 그야말로 국민의 수만큼 다른 답이 있는 것 같습니다. 하지만 제10조는 명확합니다. 민주공화국이 어떤 나라인지를 보여 주고 있어요. 제10조는 권리와 의무와의 관계에 대한 명확한 설명을 하고 있습니다. 권리는 모든 국민이 가지는 것이고, 의무는 국가의 몫이라는 것입니다.

이게 답입니다. 사람답게 살기 위해 필요한 무엇을 하필이면 권리라고 부르는 까닭이 여기 있습니다. 그것은 당연히 누릴 것이기 때문이고, 또한 권리의 짝꿍인 의무가 누구에게 주어져 있나를 확인하기 위한 것이기도 합니다. 권리가 의미를 지니려면, 그 권리를 보장해 줄 의무와 함께해야만 하니까요.

모든 국민의 인권을 보장할 의무는 전적으로 국가에 주어져 있습니다. 의무는 가지는 것이 아니라 '지는 것'입니다. 한자로는 부담(負擔)이라고 하지요. '부담'이란 말 자체만으로 참으로 부담스럽지요.

지고, 메고, 떠안고 책임지는 것을 일컫는 단어니까요. 국가에는 오로지 이런 짐만 있습니다. 국가가 이런 부담을 제대로 져 줘야만 국민들이 행복하게 살 수 있답니다. 현대사회에서 국민들이 국가를 구성하고, 국가 단위의 삶을 사는 까닭도 여기에 있지요.

그래서 인권은 국가의 존재 이유입니다. 국가는 오로지 국민의 인권을 지키는 역할을 할 때만 그 존재 이유를 갖게 됩니다. 인권은 국가의 존립 근거입니다. 인권은 국가의 정당성 판단의 근거이기도 합니다. 꼭 국가만이 아닙니다. 우리가 속한 학교 등의 사회도 마찬가지입니다.

물론 권리의 주체인 사람들에게도 의무는 있습니다. 국방의 의무나 납세의 의무가 대표적이죠. 교육과 근로를 포함해, 이를 국민의 4대 의무라고 부르기도 합니다. 하지만 이 의무는 권리를 보장하기 위해 어쩔 수 없이 최소한의 범위 내에서 부과하는 것입니다. '권리를 위한 의무'라고 하는 게 정확한 표현일 겁니다.

우리나라 헌법은 제1장 [총강]에 이어 제2장에서 [국민의 권리와 의무]를 규정해 두고 있습니다. 제2장은 제10조부터 제39조까지 모두 30개의 조문이 있는데, 이 중 권리에 대해 규정하고 있는 조문은 제10조부터 제37조까지 모두 28개이고, 의무에 대한 규정은 단 두 개뿐입니다.

제38조 모든 국민은 법률이 정하는 바에 의하여 납세의 의무를 진다.

제39조 ①모든 국민은 법률이 정하는 바에 의하여 국방의 의무를 진다.

②누구든지 병역의무의 이행으로 인하여 불이익한 처우를 받지 아니한다.

교육의 의무도 사실은 자녀들이 '적어도 초등교육'은 받게 해야 한다는 차원에서 부과한 것이기에 사실상 자녀의 교육받을 권리를 강조하는 것입니다. 근로의 의무 역시 법률적으로 강제되는 의무는 아닙니다.

헌법이 규정하는 두 개 또는 네 개의 국민의 의무는 국민이 인권을 보장받으며 살기 위해 꼭 필요한 것에 국한되어 있고, 조문에서도 맨 뒤에 배치되어 있습니다. 여러 가수들이 나오는 콘서트에서는 가장 인기 좋은 스타가 맨 뒤에 나오지요. 하지만 헌법은 앞에서도 말했듯이 가장 중요한 조문이 앞에 나오는 두괄식이에요.

이렇게 이야기하면, 어떤 친구들은 그래도 국가가 있으니까, 국가 덕분에 국민도 존재할 수 있는 거 아니냐는 의문을 가질 수도 있겠네요. 특히 우리는 20세기 초반에 일본 제국주의의 식민지를 경험하며 나라 없는 백성의 설움을 단단히 겪었고, 전쟁과 분단으로 인한 폐해가 얼마나 큰지 일상적으로 경험하고 있으니, 국가의 중요함은 거듭 강조해도 지나치지 않을 거예요. 맞아요.

그러나 아무리 국가가 중요해도, 그건 국민을 위해 존재할 때만 그 의미를 찾을 수 있는 거예요. 경중의 차이가 있는 거죠. 국민이 훨씬 더 중요하고 무거운 가치입니다. 국민을 가볍게 여기는 국가기관 종사자들이 오랜 세월 동안 국민과 국가의 순서를 거꾸로 바꿔 놓았지만, 이제는 국민이든 국가든 제자리를 찾아야 해요. 아직도 어떤 사람들이 국가가 있으니까 국민이 존재하는 것 아니냐고 한다면, 오히려 거꾸로여야 한다고 말해 주세요. 국민이 있으니까 국가가 존재하는 것 아니냐고요.

"권리는 모든 국민의 것, 의무는 국가의 것." 이것은 헌법의 가장 중요한 핵심이에요. 헌법의 규정처럼 모든 사람에게는 인권이 있습니다.

그런데 아무리 헌법으로 보장된 권리라 해도, 헌법에 규정된 권리가 의미 있으려면, 그 권리를 갖고 있는 사람이 자신에게 권리가 있다는 것을 알고 있어야 해요.

권리를 아는 것을 흔히 인권 교육이라 하는데, 아직까지 인권 교육이 활성화되지 않고 있어요. 너무 많이 부족하죠. 그래서 유엔은 인권 교육을 받는 것 자체가 중요한 인권이라고 했어요. 어떤 채권자가 있는데, 그 사람이 도대체 누구에게 얼마나 꿔 줬는지를 모른다면, 자신의 돈을 돌려받기 어려울 거예요. 아무리 은행에 거액을 예금해 놓았더라도 그 돈이 있는지 알지 못하거나 그 사실을 잊어버

렸다면, 찾을 수 없는 것처럼 말이에요.

헌법에 보장된 권리라도 국민이 제대로 인식하지 못하고 있다면, 아예 그런 권리가 있는지조차 모른다면, 그건 아무짝에도 쓸모없는 그림 속의 떡에 불과할 거예요. 권리를 누리고 싶다면, 먼저 권리를 알기 위한 노력이 있어야 해요.

『레미제라블』의 팡틴에게 ○○이 있었다면

빅토르 위고의 소설 『레미제라블(Les Misérables)』 아시죠? 뮤지컬로도 유명하고, 영화로도 여러 번 제작되었어요. 여기에 나오는 코제트의 엄마 팡틴을 기억하나요?

비록 미혼모(비혼모)였지만, 장발장의 공장에서 일하면서 어린 코제트의 양육비를 부담하면서도 그럭저럭 살 수 있었습니다. 하지만 공장에서 쫓겨나면서 인생이 완전히 바뀌게 됩니다. 단박에 비참한 사람(misérable)이 됩니다. 프랑스어 'misérable'은 명사로는 불쌍한 사람, 불행한 사람, 가난한 사람을 일컫는 말입니다. 레미제라블(les misérables)은 복수형이죠.

팡틴은 당장 먹을 것도 없었어요. 게다가 딸의 양육비와 약값을 마련해야 했죠. 이를 위해, 집에 있는 세간을 팔고 머리카락을 잘라 팔고 이를 뽑아 팔고 마침내 몸을 파는 성매매에까지 나서게 됩니다.

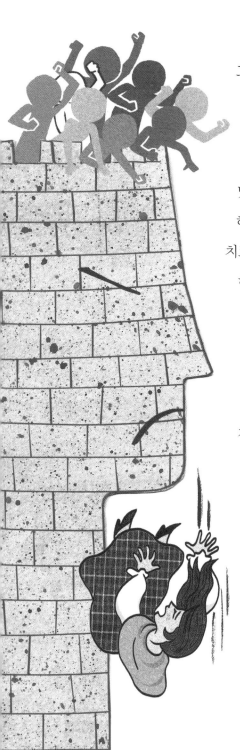

그러다 한 '시민(투표권이 있는 자산 계급)'의 장난질에 걸려 경찰관 자베르에게 체포되지요. 자베르는 시민이 먼저 횡포를 부렸는데도 시민의 얼굴에 작은 생채기를 냈다고 팡틴을 6개월 동안 감옥에 보내려고 해요. 팡틴은 장발장의 도움으로 풀려나고 치료도 받게 됩니다.

하지만 너무 늦었어요. 팡틴은 가난 때문에 얻은 질병을 견디지 못하고 죽게 됩니다. 그토록 사랑했던 어린 딸 코제트도 보지 못한 채 서러운 인생을 마감합니다.

만약 19세기 초 프랑스 사회가 미혼모를 차별하지 않는 사회였다면,

그래서 팡틴이 단지 미혼모라는 이유로, 미혼모에 대한 편견 때문에 공장에서 내쫓기지 않았다면,

미혼모라고 해도 만약 그 때문에 사회적 비난을 받는다고 해도, 그가 함부로 직장에서 쫓겨나지 않을 수 있었다면,

그가 쫓겨나게 되었을 때 그를 보호

해 줄 노동조합이 있었다면,

직장에서 쫓겨나더라도 최소한의 삶의 질을 보장해 줄 사회보장 제도 등 사회안전망이 있었다면,

어린 딸 코제트를 악당 여인숙 업자 테나르디에가 아니라, 지금의 공공 어린이집처럼 믿고 맡길 만한 곳이 있었다면,

그에게도 참정권이 보장되어 '시민'으로 인정받을 수 있었다면,

즉결 처분으로 6개월이나 감옥에 가야 할 때, 그를 도와줄 변호인이 있었다면,

병들어 쇠약해진 몸을 맡길 수 있는 무상 의료기관이 있었다면,

아, 그때도 인권이란 것이 있었다면…….

팡틴은 그렇게 비참한 죽음을 맞지 않을 수 있었을 겁니다. 젊은 나이에, 사랑하는 딸을 만나 보지도 못한 채 죽어 가지 않을 수도 있었을 거예요.

누군가는 그럽니다. "인권이 밥 먹여 주냐?" 그래요. 인권은 밥도 먹여 주고, 심지어 목숨도 지켜 줍니다. 팡틴에게는 가족 관계에 따른 차별을 받지 않을 권리, 일자리에서 함부로 쫓겨나지 않을 권리(고용 안정), 노동조합을 결성할 권리, 노동조합에 가입할 권리, 적절한 사회보장을 받을 권리, 자녀의 육아와 교육에 대한 권리, 참정권, 형사상 불이익을 받지 않을 권리, 변호인의 도움을 받을 권리, 진료받을 권리가 없었습니다. 팡틴에게 인권이 없었다는 건 단지 불편하

거나 남들에게 존중받지 못하는 수준을 넘어, 제 생명 하나 온전히 지키지 못하는 비참한 상태에 빠지는 것을 의미했어요.

만약 팡틴이 지금 우리처럼 21세기의 대한민국에 살고 있었다면 어땠을까요? 19세기의 프랑스에 살던 것처럼 모욕적인 삶, 비참한 삶이 아니라 인간답게 살 수 있었을까요?

사람답게 살기 위해 필요한 것들은 팡틴의 경우처럼 무척 많습니다. 백 년 전쯤에는 지금보다는 필요한 것이 적었을 것입니다. 통신의 자유는 현대사회에서는 매우 중요한 권리지만, 통신수단 자체가 별로 없었던 상황에서는 덜 중요한, 아니면 별로 필요하지 않은 권리였을 것입니다. 누군가 내 허락도 받지 않고 내 휴대전화의 비밀번호를 알아내고, 그 속에 있는 온갖 정보, 누구와 어떤 내용의 문자를 주고받았는가를 들여다본다면 그건 인권침해겠죠. 하지만 휴대전화가 없던 시절에는 그런 인권침해 자체가 없었지요.

예전에도 중요한 인권 문제였지만, 사람들의 인식이 미치지 못하거나 당사자들의 목소리가 잘 들리지 않아서 인권 문제로 여겨지지 않았던 문제들도 있습니다. 장애인 이동권 문제는 매우 중요한 인권 쟁점이지만, 한국 사회에서 장애인 이동권에 대해 인권 문제로 인식하기 시작한 것은 20년 정도밖에 되지 않습니다.

시대에 따라, 사람답게 살기 위한 필요한 여러 조건들은 더 많아졌어요. 인권의 구체적인 내용 자체가 변하는 거죠. 필요한 게 늘어난 까닭입니다. 어제까지도 생각하지 못했던 새로운 인권 문제가 제기되기도 하지만, 그런 문제도 여러 사람의 노력으로 인권의 목록에 오르게 되면 그다음에는 상식이 되기도 합니다.

　지금부터 백 년 전, 대부분의 나라들은 여성에게는 참정권을 보장하지 않았어요. 여성은 정치적 판단이 미숙하다는 말도 안 되는 이유 때문이었어요. 사우디아라비아처럼 아직도 여성들에게 참정권을 보장하지 않는 나라도 있어요. 여성에게 참정권이 없다는 것은 단순히 선거권이나 피선거권이 없다는 것만을 의미하지는 않아요. 시민

으로서 온전한 대접을 받지 못한다는 뜻이지요. 팡틴도 참정권이 없고, 시민으로 대접받지 못해서 가혹한 처벌을 받을 뻔했잖아요.

피선거권이 없으니 공무원이 되어 일할 권리도, 일반적인 의미에서의 일할 권리도 누리지 못하는 거죠. 일하지 않고도 먹고살 수 있는 방법은 오로지 아버지나 남편의 보호를 받는 것뿐인데 아버지나 남편이 없거나 능력이 모자랄 때는 생존 자체가 어려워지게 되죠. 즉, 매우 심각한 인권침해를 당하게 되는 거죠.

참정권을 보장받기 위한 여성들의 노력은 때로 급진적이라거나 과격하다는 평가를 받기도 했어요. 궁궐에 뛰어들어 난간에 몸을 묶고 시위하는 여성도 있었고, 1913년 영국의 한 경마장에서는 한 여성이 경마장에 뛰어들어 목숨을 잃는 사건도 있었어요. 에밀리 데이비슨이란 분이었죠. 옥스퍼드 대학교에서 영문학을 전공한 지식인이었지만 자기 몸을 던지는 것 말고는 다른 선택이 없었던 거예요. 이런 희생 덕분에 여성 참정권이 오늘날에는 누구나 당연히 받아들이는 상식이 된 거죠.

● 권리와 의무

노동자의 권리를 생각해 보게 하는 영화 「빵과 장미」의 한 장면이다. 영화의 주인공은 "우리는 빵 뿐만 아니라 장미도 필요하다."라고 외친다. '빵'은 생존권을, '장미'는 인간 존엄성을 상징한다.

권리는 반드시 의무와 함께할 때만 의미를 가집니다. 내가 어떤 권리를 가지고 있다는 건, 내가 남에게 그 권리의 보장을 위해 의무의 이행을 요구할 정당한 근거를 갖고 있다는 뜻이에요.

일자리를 구하기 위해 청소년, 청년들이 눈물겨운 고통을 겪고 있습니다. 그래도 취직은 쉽지 않아요. 보통은 취직이 안 되면 자기 탓이라고 여기기 마련이죠. 공부를 잘하지 못한 탓, 스펙이 부족하고 경쟁력이 떨어지는 탓이라고 여기죠. 하지만 꼭 그런 것만은 아닙니다. 우리의 노동 환경이 변한 탓이 훨씬 더 크죠. 1997년 금융 위기 이전까지의 은행은 대표적인 고졸 일자리였어요. 상업고등학교를 졸업한 학생들의 몫이었죠. 7급이나 9급 공무원, 경찰관도 모두 고졸 일자리였어요. 하지만 지금은 대학을 나온 사람, 그것도 스펙이 좋은 사람, 높은 경쟁을 통과한 사람들의 일자리로 바뀐 거죠.

재산이 아주 많은 사람이 아니라면 누구에게나 일자리가 필요해요. 일자리가 있어야 생계를 잇고, 자아실현도 가능해지니까요. 그러니 일자리는 사람이 살아가는 데 꼭 필요한 것이죠. 헌법 조문을 한번 볼까요. 제32조의 ①항이에요.

> 모든 국민은 근로의 권리를 가진다. 국가는 사회적·경제적 방법으로 근로자의 고용의 증진과 적정 임금의 보장에 노력하여야 하며, 법률이 정하는 바에 의하여 최저임금제를 시행하여야 한다.

모든 국민은 일할 권리가 있고, 국가는 고용 증진과 적정 임금 보장을 위해 노력해야 해요. 만약 일자리가 부족해 취직하지 못했다면, 그건 나만의 책임은 아닌 거예요. 국가의 노력이 크게 부족한 탓이기도 해요. 그래서 인권 의식이 높은 나라의 시민들은 제대로 된 일자리를 보장하라고 국가에 주장하고 요구하곤 하지요. 반면 인권 의식이 부족한 시민들은 자신만을 탓하는 경우가 많아요.

누구나 사람답게 살고 싶어 합니다. 그러려면 일자리, 집, 의료, 교육처럼 기본적인 것들이 필요하죠. 이런 것들을 오로지 개인적인 능력, 돈의 유무, 또는 경제적 기여로만 나눈다면, 불이익을 받거나 손해를 보는 사람들이 너무 많아져요. 누구에게나 꼭 필요한 것은 비록 기본적인 수준에서라도 무조건, 절대적, 필수적으로 보장해야 합니다. 기본은 국가가 보장하되 만약 더 많은 것을 원하면, 그때는 개인이 능력을 보태면 됩니다.

인권을 지키면 불편해?

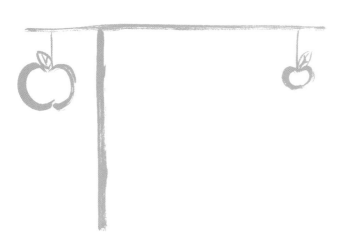

아픈 곳을 먼저 챙겨야 한다

인권에도 책임이 필요합니다. 그러나 전제 조건은 아닙니다. 공동체 구성원으로서의 책임을 다해야만 인권을 보장받을 수 있는 것은 아니기 때문입니다. 마치 오랜 가뭄을 해소해 주는 단비가 악당과 착한 사람을 차별하지 않고 골고루 적셔 주는 것처럼, 인권은 사람을 차별하지 않습니다.

하지만 여러 가지 이유로 인권을 제대로 보장받지 못하는 사람들이 많답니다. 이런 사람들을 약자·소수자라고 부르는데, 이들에 대한 보호와 구조는 국가만의 책임은 아닙니다. 인권은 주로 권리에 대해서 말하지만, 헌법이 정한 의무 말고도, 시민들에게 주어진 몇 가지 의무에 대해서도 끊임없이 환기시키려 하고 있어요. 다른 사람의 권리를 침해하지 않을 의무(침해 금지 의무), 다른 사람을 도울 의무(구조 의무) 같은 것이지요. 우리는 함께 공동체를 형성해 살고 있기에 공동체의 구성원으로서, 이런 의무를 갖고 있습니다. 어떤 사람이 굶어 죽지 않게, 얼어 죽지 않게 돕는 것은 단지 도덕적 호소에 귀 기울이는 걸 넘어서는 의무가 아닐까요?

만약 사람들이 자신의 권리만을 주장하고 이웃의 고통을 외면한다면, 우리가 사는 세상은 사람 사는 세상이 아니라, 오로지 자신의 이익만을 따지는 정글 같은 사회가 되겠지요.

여러분은 몸의 중심이 어디라고 생각하나요? 배꼽, 단전, 심장, 머리 등 여러 곳을 꼽겠지만, 아무래도 '아픈 곳'이 중심인 것 같아요. 아파 본 사람은 알지요. 온통 신경이 그곳에 집중됩니다. 아픈 곳이 발끝이라 해도, 그곳이 금세 몸의 중심이 됩니다. 발끝이라고 무시하면 발끝에서 시작된 나쁜 병원균이 온몸의 건강을 해치고, 마침내 목숨을 잃게 될 수도 있습니다. 그래서 아픈 곳을 잘 챙겨야 합니다. 마찬가지로 우리가 사는 세상의 중심도 '아픈 곳'이 된다면, 세상은 지금보다 훨씬 더 사람들이 살기 좋은 건강한 세상이 될 거예요.

아픈 곳을 챙기는 것은 단지 배려나 선행만을 의미하지 않고, 나 자신을 더 잘 챙기는 지혜로운 선택이기도 합니다.

예를 들어 볼까요. 장애인, 특히 휠체어를 타야 하는 장애인들의 자유로운 이동을 위해 지하철에는 엘리베이터가 설치되어 있어요. 그런데 그 혜택은 휠체어 사용 장애인만이 아니라, 연세 드신 어르신, 임산부, 무거운 짐을 든 사람, 어린 아기와 함께 이동하는 부모들도 함께 누리고 있습니다. 이처럼 약자·소수자의 지위에 있는 사람들을 챙기고, 그들이 좀 더 사람답게 살게 되면, 나머지 강자·다수자의 지위에 있는 사람들도 그만큼, 아니면 훨씬 더 사람답게 살게 된답니다.

구급차에 길을 비켜 주지 않는다면

모두가 평등한 권리를 누리는 것이 인권의 기본이지만, 평등만 강조한다고 인권이 실현될 수 있는 건 아니에요. 모든 사람들에게 똑같은 대접을 해야 한다는 것이나, 똑같은 무게의 권리가 보장되어야 한다는 것은 아니에요. 사람들 사이에는 차이가 있기 때문이죠.

어른이나 어린이나 할 것 없이, 똑같은 양의 식사를 준다고 생각해 봐요. 누구에게나 공평하게 제공되었으니, 평등하다고 할 수 있을까요? 겉으로는 평등해 보일지도 모르지만, 실제로는 불공평하지요. 그런 식으로 식사를 주면, 누구는 남고, 누구는 모자랄 테니까요.

놀이터에 가면 시소가 있지요. 우리가 어린 시절에 즐겨 타던 놀이 기구예요. 만약 두 명의 친구가 시소를 탄다고 했을 때, 형식적인 평등만 강조해서 중심축에서 똑같은 거리만큼 떨어져서 시소를 탄다면 어떨까요? 물론 두 친구의 몸무게가 비슷할 때는 아무 상관없이 잘 놀 수 있을 거예요. 하지만 한 친구가 다른 친구에 비해 몸무게가 훨씬 많이 나간다면? 시소 놀이 자체가 불가능해지겠지요. 두 친구의 몸무게 차이가 많이 날 때는 어떻게 해야 하죠? 당연히 몸무게가 많이 나가는 친구는 중심축에 가까이 앉아야 하고, 가벼운 친구는 좀 더 뒤쪽에 앉아야겠지요. 그래야 공평하지요.

경찰관 채용 시험을 볼 때,
경찰관에게는 일정한 체력이 필요하니까
100m 달리기를 시험 과목에 넣어 둡니다.
그럴 수 있겠죠? 도망가는 범인을 검거하기
위해서 경찰관들이 빨리 뛸 수 있어야 하니까,
최소한 100m를 15초 안에 들어와야
합격이라는 기준을 정했다고
합시다. 기준을 통과하면 합격,
그렇지 않으면 불합격이니 평등하
다고 할 수 있을까요? 하지만 기준을
이렇게만 정해 놓으면 남성보다
빨리 뛰기 어려운 여성의 경우에는
대부분 불합격할 거예요. 장애인도
마찬가지겠지요. 여성이나 장애인
에게는 거의 불가능한 기준을 합격
선으로 정해 놓고 누구나 그 기준
안에만 들어오면 합격할 수 있다고
이야기하는 것은 평등을 가장한 불평
등이고, 실질적인 차별에 해당합니다.
평등은 이렇게 형식만이 아니라,

그 내용까지 평등해야 의미가 있습니다.

  모두가 똑같은 능력을 갖고 있다면야 굳이 평등을 이야기할 이유도 없겠지요. 그런데 성별, 나이, 학력, 출신 지역, 장애 등의 이유 때문에 사람마다 능력의 차이가 있을 수밖에 없으니, 이런 상황을 감안해야 합니다. 평등의 겉과 속, 곧 형식과 내용을 모두 충족해야 인권의 실현도 가능해집니다.

  실제로 평등이 이뤄지려면 어떻게 해야 할까요? 약자·소수자의 편을 들면 됩니다. 이를 '우선적 선택'이라고도 부릅니다. 시소의 원리와 같아요. 몸이 가벼운 친구가 다른 친구들과 함께 시소 놀이를 즐기려면 그 친구가 중심축으로부터 좀 더 뒤에 앉아야 한다는 것과 같아요. 이때는 몸이 가벼운 친구가 약자·소수자라 볼 수 있겠죠.

  여성이나 장애인이 고용에서 불이익을 받는 경우가 많으니까, 여성이나 장애인을 일정한 비율만큼 뽑는다든지 장애인들의 이동권을 보장하기 위해 엘리베이터를 설치한다든지 하는 일들이 바로 약자·소수자에 대한 '우선적 선택'의 사례들이에요.

  그런데 이런 선택을 하면, 어떤 사람들은 역차별을 당한다고 생각하기도 하지요. 꼭 그럴까요? 정말 역차별이란 게 존재할까요?

  당장 급하게 도로를 달려야 하는 구급차가 오면, 우리 모두 잠깐 멈추면서 길을 비켜 주잖아요. 물론 구급차에 길을 비켜 주면 그만큼 늦어지겠지만, 그래도 기꺼이 비켜 주잖아요. 생명이 위급한 사람들에 대한 '우선적 선택'이지만, 아주 위급하지 않은 사람들에 대한 역차별은 아니에요. 우리가 사회를 구성하고 함께 살아가기 위한 당연한, 지혜로운 선택이죠. 만약 구급차에 길을 비켜 주지 않아서 위급한 환자의 생명을 살려 내지 못한다면, 충분히 살릴 수 있었던 한 생명을 잃게 되는 비참한 일이 일어나지요. 그 환자나 가족의 입장에서 생각한다면, 이렇게 저만 아는 사회에서는 더 이상 살고 싶지 않을지도 모를 일이죠. 그뿐이 아니죠. 나중에 내가 구급차를 타고 급히 병원에 가야 할 때, 내 생명이 다른 사람들의 무관심, 이기심, 그리고 무질서 때문에 위협받게 될지도 몰라요.

차별을 고치려는 적극적인 노력을 역차별이라고 공격하는 사람들이 많아요. 그런데 곰곰이 살펴보면, 역차별을 이야기하는 사람들은 역차별을 당한다는 사람들의 인권을 챙기는 시늉만 낼 뿐, 실제로 인권 자체에는 아무런 관심도 없거나, 심지어 인권을 무척 싫어하는 사람들인 경우가 많아요. 그저 핑곗거리일 뿐인 거죠.

예를 들어 군가산점제 논란이 그래요. 헌법재판소에서 위헌 결정이 난 지 오래되었는데도 국방부를 비롯한 여러 곳에서 아직도 군가산점제 이야기를 하고 있어요. 군가산점제가 없어서, 군대 갔다 온 남성들이 역차별을 당한다는 거죠. 얼핏 들으면 그럴듯할 수도 있어요. 게다가 남성들이 군 복무 때문에 많은 손해를 보는 것도 사실이잖아요. 그런데 이런 주장이 국방부에서부터 나온다는 것은 심각한 문제가 아닐까요? 2년 동안 군대에 가는 것이 큰 손실이 되지 않도록 노력해야 할 의무를 지니고 있는 게 바로 국방부잖아요. 이뿐 아니라 국방부는 의무 복무 기간을 줄이겠다는 약속도 지키지 않고 있어요. 병사들의 월급을 현실에 맞게 지급하고 처우를 개선하는 등 당연히 해야 할 일도 제대로 하지 않고 있어요.

그러면서 군생활로 인해 남성들이 받는 피해를 엉뚱한 역차별 논란으로 끌고 가는 걸 어떻게 이해해야 할까요? 남성들이 정부와 국방부에 해야 할 비난을 여성이나 장애인에게 쏟아붓는 현상을 어떻게 봐야 할까요?

한편 약자·소수자를 배려해 좀 불편해도 참아야 한다는 사람들도 있어요. 하지만 누구도 다른 사람에게 불편한 존재로 태어나지는 않아요. 누군가가 불편하다는 건, 전적으로 강자·다수자의 시각일 뿐이죠. 어떤 사람이든 그 사람 나름의 사는 까닭이 있기 마련이에요. 조금의 차이를 두고 상대방에게 불편해도 괜찮다느니 하며 불편한 존재로 보는 것은 결례가 아닐까요?

어쩌면 불편하다는 것은 익숙하지 않다는 것일지도 몰라요. 지금은 어느 주차장에나 장애인 주차 구역이 따로 있지요. 어디든 주차하기 편한 곳에 마련되어 있어요. 비장애인이 장애인 주차 구역에 주차하면 기초질서를 어기는 질서 위반

행위가 되죠. 그러면 과태료를 내야 해요. 지금은 장애인 주차 구역이 익숙해져서 사람들이 당연한 것으로 여기고 불편하다는 생각을 별로 하지 않게 되었지만, 예전에 장애인 주차 구역이 처음 생겼을 때는 불편하다고 여기는 사람들이 많았어요.

그저 좀 다르거나 다른 처지에 있다고 해서 그 사람을 불편하다고 여길 까닭은 전혀 없어요. 내가 어떤 차이 때문에 남을 불편한 존재로 여긴다면, 그 사람도 바로 그 차이 때문에 나를 불편한 존재로 여길 수도 있어요. 내가 상대방에게 불편한 존재인데, 상대방이 넓은 마음으로 나를 배려해 주고 나를 위해 괜찮다면서 참아 준다면, 고맙다는 생각이 먼저 들까요, 아니면 불쾌하다는 생각이 먼저 들까요?

인권은 나눌 수 없다

인권이 지닌 원칙 중에, 꼭 강조하고 싶은 게 바로 '나눌 수 없다.'는 원칙입니다. 학자들에 따라 인권을 자유권과 사회권, 그리고 제3의 권리로 나누기도 하고, 유엔 등에서는 시민적·정치적 권리(자유권), 경제적·사회적·문화적 권리(사회권), 평화권, 연대권, 집단권 등이 있다고 설명하기도 합니다. 하지만 이들은 각각 분리된 권리들이 아니라, 그야말로 편의를 위해 또는 어떤 부분을 강조하기 위한 분류에 불과합니다. 인권은 나눌 수 없습니다.

예를 들어 자유롭게 이동할 권리라면, 보통 자유권으로 분류합니다. 우리 헌법에서는 '거주·이전의 자유'라고 하지요. 하지만 자유롭게 이동한다는 것 자체도 중요하지만, 결국은 어디로 무엇을 위해 이동하는가가 이 권리의 핵심입니다. 학교를 가기 위해서라면 이 권리는 교육받을 권리의 일부가 되고, 공장에 간다면 일할 권리, 놀러간다면 쉴 권리의 일부가 됩니다. 교육받을 권리, 일할 권리, 쉴 권리는 모두 사회권으로 분류합니다. 이처럼 자유권과 사회권의 권리들이 제각기 따로 떨어져 있는 것이 아니라 긴밀하게 연결되어 있음을 알 수 있습니다.

마찬가지로 '거주·이전의 자유'에 속해 있는 자유롭게 여행할 권리도 마찬가지예요. 자유롭게 여행할 권리 역시 자유권으로 구분할 수 있어요. 그런데 여행할 권리라는 게, 국가의 방해나 간섭 없이 그저 자유롭게만 둔다고 보장되는 것은 아니지요.

여행이 좋은지는 다 아는데 누구나 맘껏 여행할 수는 없잖아요. 어떤 사람은 건강 때문에, 또 어떤 사람은 돈이 없어서, 또는 시간이 없어서 여행을 할 수 없는 경우가 많아요. 그저 소극적인 자유, 곧 '~로부터의 자유'만 보장된다고 여행을 할 수 있는 건 아니죠. 여행을 하려면 노동시간이 너무 길지 않아야 하고, 알맞은 휴가가 보장되어야 하고, 여행 경비를 댈 수 있어야 하고, 또 건강해야 하죠. 이런 것들은 모두 사회권에 해당하는 권리들이죠. 이렇게 단 하나의 권리라도 쉽게 나눌 수 있는 것은 아니에요.

'나눌 수 없다.'는 것은 여러 권리들이 한 사람에게 모두 보장되어야 한다는 것을 뜻하기도 합니다. 밥만 먹는다고 사람답게 사는 것은 아니겠지요. 머무를 곳이 없는 노숙인의 먹을 권리를 보장하기 위해 무료 급식소를 운영하는 곳이 여럿 있습니다. 하지만 이 중에는 밥은 주지만, 형편없이 맛없거나 영양가 없는 밥을 주는 곳이 있습니다. 심지어 길거리에서 남들의 따가운 시선을 받아 가며 밥을 먹도록 하는 곳도 적지 않습니다.

이럴 경우 단순한 의미에서의 먹을 권리는 보장되겠지만, 적극적

인 의미에서의 먹을 권리(맛있고 영양가 있는 것을 먹을 권리)나 인간
으로서의 존엄을 지킬 권리(창피당하거나 남들의 따가운 시선을 받지
않을 권리)는 오히려 무료 급식 때문에 침해되기도 합니다. 사람이란
존재가 그저 먹기만 하면 되는 존재라면 또 모르지만, 사람이라면
누구나 사람답게 먹을 수 있어야 합니다.

　일단 밥은 먹고 보자, 일단 생존이 중요한 게 아니냐는 이야기도
있지만, 그건 아주 극한적인 상황에서나 설득력을 갖게 되는 거예
요. 사람은 빵만으로 살지 않습니다. 밥도 먹어야 하지만, 어떻게 먹
느냐도 사람에게는 중요합니다. 밥을 먹되, 사람답게 먹어야죠.

상식이 필요해

인권을 누린다는 게 모든 걸 내 맘대로 할 권리를 뜻하지는 않습니
다. 사람답게 산다는 게, 아무렇게나 해도 된다는 뜻은 아니니까요.

　당연한 일이겠죠. 자유롭게 이동할 권리가 있다고 해서, 자동차나
오토바이를 타고 시속 200~300km로 도로를 질주할 권리가 있는
건 아닙니다. 남을 괴롭히거나 해칠 자유 같은 것도 인정될 수 없습
니다. 수업 시간에 떠들 권리, 남의 수업을 방해할 권리 같은 것도
인정될 수 없습니다. 인권은 가능한 한 최대한 보장해야 하지만, 남
의 권리를 침해하게 되면, 그 순간 제자리에 딱 멈추게 됩니다. 최대

한, 그러나 다른 사람의 권리를 침해하지 않는 범위에서 내가 행복하게 살기 위해 필요한 권리가 바로 인권입니다.

공동체를 이뤄 함께 살고 있기 때문에, 때론 인권이 제한되는 경우도 있습니다. 그렇다고 함부로 아무 때나 인권을 제한해선 안 됩니다. 누군가의 인권을 제한하려면 반드시 몇 가지 조건을 충족해야 합니다.

첫째, 꼭 필요한 경우에만 제한할 수 있습니다. 보통은 국가의 안전보장이나 질서유지, 공공복리 등을 필요한 경우로 꼽고 있습니다. 하지만 아무리 국가의 안전보장이나 질서유지, 공공복리를 위한 경우라 하더라도 인권을 제한하려면 몇 가지 요건을 더 충족해야만 합니다. 물론 필요하다고 해도, 인권을 제한당하는 사람들의 고통이 너무 클 때는 인권을 제한할 수 없어요.

둘째, 반드시 법률이 있어야 합니다. 법률이 없으면 인권을 제한할 수 없습니다. 법률이 아닌 시행령, 규칙, 조례, 예규, 훈령 같은 것으로는 인권을 제한할 수 없다는 말입니다. 물론 학칙이나 사규, 누군가의 명령이나 지시, 관행 같은 것을 이유로 인권을 제한할 수도 없어요. 만약 학칙에 인권을 침해하는 내용이 있고, 학생들이 입학할 때 학칙을 준수하겠다고 약속했다고 해도, 그게 인권을 제한할 근거가 되지는 못해요.

셋째, 제한하더라도 자유와 권리의 본질적인 내용은 침해할 수 없습니다. 뭐가 본질적인 권리냐에 대해서는 여러 가지 의견이 있습니다. 양심의 자유에만 한정되어 있는 소극적인 거라고 여기는 사람도 있고, 종교의 자유, 표현의 자유나 의식주 같은 것도 본질적인 권리라 여기며, 좀 더 넓게 생각하는 사람들도 있습니다.

중요한 것은 인권을 제한하더라도 최소한의 범위 내에서만 꼭 필요할 때만 합리적으로 제한하여야 하고, 제한되는 사람이 당하는 피해가 공동체가 얻을 이익보다 너무 커서는 안 된다는 것입니다. 이를 각각 '최소성의 원리', '합리성의 원리', '비례성의 원리'라고 부릅니다. 이 같은 원리들은 사회상규나 조리라고도 부르지만, '상식'이라고 불러도 무방합니다. 이때의 상식은 단순한 관행을 의미하는 게 아니라, 많은 사람이 그럴듯하다고 여기는 긍정적인 의미, 가치 지향적 의미에서의 상식입니다. 인권도 제한될 수 있지만, 그것은 상식에 따라야 합니다. 그래서 상식은 인권의 기준이기도 합니다.

앞의 조건들을 모두 충족해야만 인권의 제한도 가능합니다. 따라서 이 중 한 가지 조건이라도 충족하지 못한다면, 인권을 제한해서는 안 됩니다. 만약 그런 일이 있다면, 그건 인권침해이고, 동시에 헌법 위반입니다. 대한민국의 최고위 법, 법 중의 법을 위반하는 것이죠.

인권침해에 대한 오해

인권은 서로 충돌하기도 해요. 당장 세상의 자원만 해도 한계가 있잖아요. 누군가 자원을 많이 쓴다면, 다른 사람들은 적게 쓸 수밖에 없는 상황이지요. 하고 싶은 일이 각자 다를 수도 있고, 모두가 하고 싶은 일을 하다 보면, 서로 충돌하는 일도 생겨요.

　일단 인권의 충돌에 대한 몇 가지 오해부터 풀었으면 해요. 경찰관과 시민이 충돌하는 경우가 가끔 있어요. 요즘은 그런 일이 드물지만, 예전에는 집회나 시위를 할 때 그런 일이 가끔 있었어요. 이럴 때 경찰관들은 자기도 사람인데, 그러니까 인권이 있는데, 집회나 시위하는 사람들에게 인권을 침해당한다는 볼멘소리를 하기도 해요. 시민이 경찰관의 인권을 침해한다는 거죠. 하지만 이런 경우는 인권의 충돌에 해당하지 않아요.

　직무 집행을 하는 경찰관에게는 인권이 없어요. 이때 경찰관은 일종의 국가의 팔다리와 같은 역할을 하는 거예요. 국가는 권리 주체가 아니라, 의무 주체일 뿐이잖아요. 만약 어떤 시민이 경찰관에게 '인권침해'라고 생각할 만한 어떤 일을 했다면, 그건 인권침해가 아니라 '공무집행방해'가 되는 거예요. 국가의 위임을 받아 업무를 수행하는 대통령, 장관, 국회의원도 마찬가지예요.

　물론 경찰관 개인으로 보면 사람이기에 당연히 인권을 보장받아야 하지만, 공무를 수행하는 경우에는 개인으로서 누리는 인권이 잠시 사라지는 일종의 휘발(揮發) 현상이 일어나게 되죠. 그래서 직무 집행을 하는 경찰관에게는 좀 더 특별한 권한을 주지요. '형법'은 제8장에 '공무 방해에 관한 죄'를 따로 두고 있어요. 구체적인 처벌 조항들도 많아요. 여기에 특수공무집행방해가 적용되면, 정해진 형의 2분의 1까지 가중처벌할 수 있어요.

이런 엄격하고도 무거운 형벌을 정해 둔 것은 경찰관 등 공직자들의 공적인 활동을 보호하기 위한 것이지요. 단순히 개인이고 개인적인 일을 한다면, 이렇게까지 강력한 처벌 수단으로 보호할 까닭은 없지요. 이처럼 경찰관이 업무 수행을 방해받는 일을 두고, 경찰관 개인에 대한 인권침해라고 판단하는 것은 오해예요.

물론 경찰관 개인의 인권침해 문제도 적지 않아요. 그렇지만, 그것은 주로 경찰관을 고용한 국가와의 관계, 경찰력을 운용하는 상급자와의 관계에서 발생해요. 자신의 노동 조건을 개선할 수 있는 최소한의 안전장치로서 노동조합조차 설립할 수 없는 열악한 환경, 부당한 명령에도 그저 복종만 해야 하는 권위적 조직 문화, 장시간 노동에도 불구하고 시간외 수당을 제대로 지급하지 않는 횡포, 적절한 휴식을 보장하지 않는 무리한 근로 강요 등이 경찰관 개인이 당하는 인권침해겠죠.

경찰관이 진짜 인권침해를 당하는 일보다는, 직무 집행과 관련한 일상적인 업무에서 인권침해를 느낀다는 것은 '관점의 이동'에 따른 일종의 착시 현상이 빚어낸 혼동이에요.

학생의 인권이 교사의 권리를 침해한다?

교사의 경우도 마찬가지예요. 학생 인권이 신장되면, 교권(敎權), 곧 교사의 권리가 위축된다고 말하는 사람들이 꽤 있어요. 이런 주장도 좀 더 곰곰이 생각해 볼 필요가 있어요. 세상에 남의 인권이 잘 보장된다고 해서 내 인권이 침해되거나 위축되는 경우도 있을까요? 학생들이 체벌을 당하지 않게 되어서 인권이 조금 더 보장된다고 해서, 교사의 권리가 위축되고 제한되는 것일까요?

학생들이 떠들면 교사가 수업을 하기 힘들겠죠? 그러면 교사의 인권이 침해되는 건가요? 그렇지 않답니다. 물론 그럴 때 인권침해를 당하는 사람도 있어요. 그건 수업을 받을 권리, 즉 학습권을 침해 당한 동료 학생들이지, 교사는 아니랍니다. 교사는 교실에서 어떤 권리를 누리는 사람이 아니라, 가르칠 책무 또는 의무를 갖고 있는 사람입니다. 선생님들의 권위를 떨어뜨리려는 의도에서 하는 말은 결코 아닙니다. 선생님들이 마땅히 받아야 할 존경과 별개로, 교실에서의 교사의 역할은 권리가 아니라 책무에 해당한다는 것입니다.

교사는 한 사람의 임금노동자로서 연구와 수업을 제공하고, 이에 대해 임금을 받고 있습니다. 교실에서 떠드는 학생은 교사의 권리를 침해하는 것이 아니라, 교사의 업무를 방해하는 것입니다. 이럴 때, 교사는 일반적인 수준에서는 떠드는 학생을 조용히 시키며, 계속 교육 활동을 해야 합니다. 심하게 떠들 때는? 그때는 수업의 원활한 진행을 위해서 또 다른 학생들의 권리를 위해서 심하게 떠드는 학생을 교실 밖으로 내보낸다거나, 다른 불이익을 주기도 해야겠죠.

"그렇다면, 교사는 권리도 없는 존재냐? 교권이란 없는 거냐?"라고 물을 수도 있을 겁니다. 교사도 권리가 있죠. 당연합니다. 교사도 사람이니까요. 그렇지만 교사의 권리는 자기가 가르치는 학생들과의 관계에서 나오는 개념이 아니라, 교사를 고용한 국가나 사립학교 재단, 교사에게 구체적인 업무를 지시하는 교장, 교감 등의 관리자들과의 관계에서 나오는 개념입니다.

교권이란 교사가 '학문의 자유'에 기반을 두고 각자의 소신에 따라 자율적으로 수업을 진행하는 데 있어, 국가나 사립학교 재단, 교장이나 교감 등이 함부로 개입하거나 간섭하지 못하도록 하는 권리입니다.

교사가 수업을 하는데, 매일 교장 선생님이 창문 밖에서 살펴본다거나, 아예 교실에 CCTV 카메라를 설치해 놓고 무슨 이야기를 하는지 엿듣는다거나, 심지어 교실에 들어와서 수업을 감시한다든가 하는 일을 당하면 교권이 침해되는 거죠. 정부가 전교조(전국교직원노동조합)를 탄압하는 것도 전형적인 교권 침해겠지요.

서로 다른 인권이 충돌할 때는

다시, 인권의 충돌, 각자의 인권이 서로 맞서면서 충돌하는 경우를 살펴보죠.

어쩔 수 없이 맞서거나 충돌하는 경우, 피하고 싶지만 결코 피할 수 없는 경우에는 어떻게 하면 좋을까요? 내가 사는 지역에 장애인 시설이나 법무부 보호관찰소가 들어오면, 집값이 떨어질까 걱정하는 사람들이 있습니다. 장애인 시설이나 보호관찰소는 기피 시설이 아닌데도 오해가 있는 것 같아요. 하지만 현실적인 고민입니다. 집값이 떨어지면, 재산권에 피해를 입게 되죠. 물론 공적인 역할을 하는 곳도 필요하지만, 그런 곳이 하필이면 우리 동네로 들어와야 하나 하는 생각이 드는 거죠. 이럴 때 인권의 충돌이 일어나기도 합니다. 이럴 때는 어떻게 하면 될까요? 공적인 일이니 주민들에게만 무조건 참으라고만 하는 것은 말이 안 됩니다. 그건 인권침해입니다.

무슬림 여성들이 쓰는 히잡이나 부르카는 어떨까요? 나라에 따라 정도의 차이는 있지만, 많은 무슬림들이 히잡이나 부르카를 쓰고 있어요. 어떤 경우는 겨우 눈만 내놓고 다니는 경우도 있고, 일종의 스카프처럼 멋을 부리는 경우도 있어요. 같은 무슬림 국가라도 히잡이나 부르카를 강요하는 나라도 있고, 그렇지 않은 나라도 있어요.

그러면 히잡이나 부르카를 쓰는 것은 인권침해일까요? 인권침해가 아닐까요? 쉽게 떠오르는 답은 인권침해일 거예요. 사우디아라비아처럼 히잡이나 부르카를 쓰지 않으면, 심각한 처벌을 받는 경우에는 당연히 인권침해라고 할 수 있어요. 그것이 종교적 전통이든 그들의 문화이든 가문의 전통이든 간에, 원하지 않는 사람이 강압에 못 이겨 히잡이나 부르카를 쓰는 경우가 있다면, 그건 분명히 인권침해입니다. 어떤 전통이든 그것이 여성에게만 강요되고 있다면 인권침해가 분명하죠.

그렇지만 어떤 강요도 없이 온전히 자발적으로 히잡이나 부르카

를 쓴다면, 그건 일종의 자기표현일 수도 있어요. 프랑스나 벨기에는 공공장소에서 히잡이나 부르카를 착용하지 못하게 하는 '부르카법'을 제정하였는데, 이건 거꾸로 소수자에 대한 인권침해일 수도 있어요. 한 사회의 주류가 비주류, 소수자의 문화적 선택에 대해 일방적으로 강요하는 것이니 인권침해가 될 가능성이 높아요.

똑같은 히잡이나 부르카라 해도, 어떤 상황인가, 여성의 입장에서 온전히 자발적으로 쓰는 것인가 아닌가, 다수의 횡포인가 소수의 권리인가에 따라, 어떨 때는 히잡이나 부르카를 쓰게 하는 것이 인권침해가 되고, 다른 때는 쓰지 못하게 하는 것이 인권침해가 되기도 하는 거죠.

이렇게 인권의 충돌 문제는 쉽지 않습니다. 그러면 어떻게 하면 좋을까요? 몇 가지 기준이 정해져야 합니다. 이는 인권의 제한에서

살펴본 것과 비슷해요.

만약 주민의 재산권과 국가의 공익적 목적이 충돌할 때는 그 시설이 꼭 그 지역에 들어가야 할 합리적인 이유가 제시되어야 합니다. 다른 좋은 곳도 있다면 그쪽으로 가야 맞겠지요. 주민들과 지속적인 대화를 갖고, 의사 결정에 주민들도 참여할 권리를 보장해야 합니다. 물론 그래도 쉽게 결론이 나지 않는 경우가 있겠지요.

만약 둘 중의 하나만을 꼭 선택해야 한다면, 그때 기준은 어떤 것이 약자·소수자의 편에서 좋은 것인가를 선택하는 것입니다. 일반적으로 집값이 떨어지면 손해 보는 것은 집을 가진 사람이겠지요. 그런데 꼭 그 지역이 아니면 안 되는 어떤 장애인 시설이 있다면, 장애인들이 당하는 고통과 손해는 집값 떨어진 것에 비교할 수 없을 만큼 크지요. 이럴 때는 어쩔 수 없이 전체의 이익, 그리고 약자·소수자의 이익을 먼저 생각해야 합니다.

　'되도록 충돌을 피해야 한다. 충돌을 피하기 위해 할 수 있는 최선의 노력을 기울여야 한다. 만약 충돌을 피할 방법이 전혀 없다면, 그때는 약자·소수자를 선택해야 한다.' 이게 인권이 서로 충돌할 때, 우리가 찾아야 할 답입니다.

● 인권과 법

세계인권선언이 적힌 문서를 보고 있는 어린이들(1950년). 세계인권선언은 개인의 자유와 권리를 자세히 명시하면서 모든 사람에게 똑같이 적용된다는 사실을 세계 최초로 인정한 선언이다. 그 이념과 내용이 수많은 국가의 헌법과 법률에 반영되어 있다.

흔히 인권은 불가침의 권리라고 하죠. 침해받지 않을 권리라는 뜻인데, 여러 가지 인권을 위협하는 것들, 이를테면 굶주림이나 폭력, 가난, 질병, 여러 가지 차별이나 편견, 그리고 전쟁 같은 것들을 겪지 않을 권리, 이런 것들이 내 삶을 파괴하지 않도록 나를 지킬 권리를 의미하죠.

인권은 인류의 보편적인 약속이지만, 이 약속이 지켜지려면, 법을 통해 지키도록 하는 게 가장 일반적인 방법일 거예요. 가장 먼저 헌법이 바로 그 역할을 하고 있지요. 헌법에 따라 만들어진 개별적인 법들도 많아요. 하지만 법 자체가 인권을 침해하는 경우도 있지요. 대표적으로 '국가보안법'이나 '경범죄처벌법' 같은 경우가 있어요.

법률은 중요한 역할을 하지만, 정의롭지 않은 법, 인권의 원칙에서 벗어난 법은 원천적으로 법이라고 볼 수 없어요. 무효인 거죠. 인권의 원칙, 곧 헌법의 원칙에서 벗어난 법률의 경우에는 헌법재판소의 심판 절차를 통해 실제로 무효가 되기도 하지요.

인권이 끊임없이 변하는 것처럼, 법도 늘 변하기 마련입니다. 문제는 국민을 대신해 법률을 만들거나 고치는 사람들인 국회의원들이 얼마나 인권을 소중히 여기는가에 달려 있을 거예요.

"법이 없어도 살 사람"이란 말이 있어요. 이건 법의 질서유지 측면을 강조한 말이에요. 법의 가장 기본적인 기능은 억울함이 없도록 사람들을 보호하는 데 있어요. '법의 지배'라는 말에서 법이 지배하려고 하는 건 일반 국민이 아니라, 대통령이나 장관처럼 많은 권한을 갖고 있는 사람을 뜻합니다. 대통령이라 해도 맘대로 할 수는 없고, 반드시 법에 규정된 대로 해야 한다는 뜻이지요.

인권은 누구보다도 소외된 사람들을 위한 것입니다. 쫓겨난 사람들, 기타나 잉여의 취급을 받는 사람들이 많지만, 이 사람들이 단지 사람이란 이유만으로도 얼마나 소중한 존재인지를 확인시켜 주는 권리예요.

그런 의미에서 국가는 사람들이 모욕당하지 않고, 비참하지 않으며 존엄과 가치에 맞는 삶을 살기 위해 우리가 만든 가장 현실적인 대안이기도 해요. 국가의 존재 이유가 바로 인권에 있는 거죠. 국가는 폭력적 경쟁에 시민이 무방비로 노출되어 희생되는 걸 그냥 두고 봐선 안 돼요. 시민의 인권을 보장하기 위해 적극적인 노력을 해야죠. 그런 적극적인 노력을 하도록 강제하는 안전장치가 바로 법률이에요. 하지만 인권을 침해하는 악법들이 많은 것도 사실이에요. 어휴, 우리나라엔 아직도 풀어야 할 숙제가 너무 많아요.

내 인권은
잘 지켜지고 있을까?

안 돼, 하지 마, 벌줄 거야

지금까지 인권의 원리에 대해 공부해 봤으니, 이제는 그 원리를 우리의 실제 생활에 적용해서, 우리가 흔히 만나는 쟁점들 몇 가지를 알아볼게요.

학교는 교육이 진행되는 공간입니다. 교육이 뭘까요? 사람을 키우는 일이지요. 마치 도자기를 빚는 것처럼 조심스럽게 사람의 인격을 키우고, 스스로 생활할 수 있는 능력을 키우는 곳입니다.

그렇지만 한국의 교육 현실은 그저 상급학교 진학만을 목적으로 하는 곳 같아요. 초등학교는 중학교의 전 단계쯤으로 여기고, 중학교는 고등학교의 전 단계, 고등학교는 대학교의 전 단계로 여겨지고 있습니다. 어떤 고등학교가 좋은 학교인지 아닌지는 '좋은 대학'에 얼마나 많은 학생을 합격시켰는지로 정합니다. 학생, 교사, 학부모 등 교육의 주체들이 온통 진학을 위해서만 뛰고 있는 실정이지요.

하나의 목적으로만 달리는 학교의 풍경은 그래서 늘 침울합니다. 많은 사람, 그것도 혈기 왕성하고 발랄한 청소년들이 모여 있는 곳이라면, 당연히 활기차고 명랑하고 밝은 곳이어야겠지요. 하지만 실상은 어떤가요? 학업성적만을 강조하니, 성적이 좋지 못한 학생들에게는 학교에 다니는 것 자체가 고역입니다. 목표가 분명하니, 일사불란한 질서를 요구하는 일도 많습니다. 학생들이 해서는 안 될 일들, 곧 여러 가지 규제가 일상적으로 학생들의 생활을 규정합니다.

그래서 학생들에게는 마치 조폭을 연상시키는 짧은 머리카락만 허용되고, 똑같은 유니폼(교복)을 입어야 하고, 자신을 꾸미거나 가꾸는 일도 금지당합니다. 어떨 때, 학교는 교도소나 군대처럼 여겨지기도 합니다.

학교들마다 조금씩 다르지만, 학교는 일상적으로 학생들에게 교도소나 군대 같은 곳에서나 요구할 만한 규율을 요구하고 있습니다.

복장 위반(규정에 어긋난 교복 착용), 사복 착용, 명찰 미부착, 아이라인, 마스카라, 립스틱 등의 화장, 염색과 파마, 긴 머리, 귀걸이, 쓰레기 함부로 버리기, 수업 시간에 매점 가기, 학생식당에서 식기 제대로 치우지 않기, 뛰어다니기, 고함지르기, 실내에서의 공놀이, 낙서, 공공기물 파손, 풍기문란, 거짓말, 저속한 언어 사용, 불량서적 소지 및 탐독, 도박, 흡연, 학생 출입금지 구역 무단출입, 엘리베이터 무단 사용, 교직원 지시 불이행, 교직원에게 불손한 언행, 학우 괴롭힘, 외부 음식 먹기, 지각, 결석, 휴대전화 사용, 수업시간 무단이탈, 수업시간에 음식물 먹기……

서울 어떤 고등학교의 벌점표에 적힌 항목들의 일부입니다. 분량이 너무 많아 다 옮길 수 없었어요. 학교를 다니는 학생들이 하지 않아야 할 일들이 이렇게 많아요. 물론 선생님들 입장에서는 학생들의 생활지도가 쉽지 않기에, 여러 가지 벌점 조항들을 만들어 놓고 벌점을 주고, 또 벌점에 따라서는 특별교육, 교내봉사, 사회봉사, 출석 정지 등의 벌을 주기도 합니다. 그래야만 하는 사정을 이해 못하는 건 아닙니다.

　　하지만 학교 현장에서 학생들이 이렇게 온통 규제와 통제의 대상으로만 여겨진다는 것은 보통 심각한 일이 아닙니다. 학교란 곳이 가뜩이나 입시 위주로만 운영되고 있잖아요. 그러니 성적이 좋은 학생이나 그렇지 못한 학생 모두 힘겨운 짐을 지고 있는 상황인데, 여기에다 학교생활 전반이 질서와 통제, 그리고 규제뿐이라면 심각한 문제가 아닐까요? 학교 자체가 폭력적인 상황이 되고 있는 것 같아요.

　　선생님들 사회에도 위계가 분명하잖아요. 교장 선생님은 최고 책임자이기보다는 최고 권력자로 행세하는 경우가 많고, 최고 권력자를 정점으로 해서, 그 밑으로 교감, 부장 등의 서열이 나뉘고 있잖아요.

　　학교 자체가 폭력적인 상황, 서열에 따른 위계가 분명한 상황에서, 학생들에게만 폭력을 행사하지 말라고 요구하는 게 어떤 설득력이 있을까요? 보고 배우는 것이 온통 평화롭지 않은 상태에서 일상적으로 폭력적인 상황에 노출되어 있으면서도, 학생들은 꾹 참아야 하고, 어떤 상황에서도 폭력의 유혹에 넘어가지 않아야 한다는 게 얼마나 현실적인 요구일까요? 과연 학생들이 폭력을 행사하면 처벌을 받는다는 위협만으로 비폭력 감수성을 키울 수 있을까요?

성적이 좋지 않으면 학급 평균이나 깎아 먹는 사람 취급을 받아야 하고, 경쟁에서 뒤처진 학생들은 일상적인 인권침해를 받고 있는데, 어떻게 남의 인권을 존중하는 태도를 가질 수 있을까요?

학교 폭력이 심각하다고 해요. 별것 아닌데 언론이 부풀리는 경우도 있지만, 실제로 아주 심각한 사례들도 있어요. 심각한 피해 사례들을 보면 어떻게 같은 또래의 친구들에게 저럴 수 있나 싶은 일들도 있어요. 다들 학교 폭력이 심각하다고 하는데, 막상 이 문제를 어떻게 풀어야 할지에 대해서는 좋은 답을 찾지 못하는 것 같아요.

문제를 해결하기 위해서는 구체적인 폭력의 양상만 보지 말고, 그 밑바닥, 핵심을 봐야 합니다. 학교란 공간 자체가 폭력적이지 않은지, 학교의 전반이 비폭력 평화 감수성을 떨어뜨리고 있지는 않은지, 학생들이 일상적으로 당하는 인권침해는 없는지부터 살펴야 합니다. 물론, 좋지 않은 상황에 놓였다고 해도, 누구나 폭력적으로 변하고 누구나 폭력을 통해 문제를 해결하려고 하지는 않습니다. 그래서 폭력을 행사하는 가해자의 책임은 여전히 무겁습니다. 하지만 폭력이 일상화되는 근본적 원인도 들여다볼 수 있어야, 폭력을 해결할 수 있는 답도 찾을 수 있을 것입니다.

따라서 경찰력에 기대는 형사처벌 방식으로 학교 폭력을 해결할 수는 없을 거예요. 이건 학생을 그저 학교 밖으로 내몰고 눈앞에서 치워 버리는 것과 같습니다.

청소년은 어른들의 모습을 고스란히 보여 주는 거울 같은 존재입니다. 청소년에게 문제가 있다면, 그 문제는 대부분 어른들에게서 비롯된 것입니다. 학교 폭력을 해결하기 위해서라도 지금의 경쟁 위주의 교육을 바꿔야 합니다. 학교 폭력에 의한 희생을 정말로 안타깝게 여긴다면, 그 답은 학교를 바꾸는 데서 찾아야 하지 않을까요.

경기도 교육청은 2010년 전국 최초로 학생인권조례를 만들었어요. 김상곤 교육감이 취임한 이후, 4년여의 논의 끝에 경기도 의회에서 학생인권조례가 통과된 거죠. 학생인권조례를 만들 때는 논란이 많았어요. 심지어 학교 붕괴를 걱정하는 목소리도 있었으니까요. 하지만 시행 4년이 지나도록 학교 붕괴 같은 일은 일어나지 않았어요. 오히려 얻은 게 훨씬 더 많았죠. 학교 구성원들이 학생들의 인권에 대해 새삼 중요성을 깨닫게 된 것은 물론이고, 경기도의 경우 학생인권조례를 계기로 학교 문화를 혁신하면서, 학교 폭력이 크게 줄었어요. 전국 17개 시·도교육청 중에서 학교 폭력 감소율이 가장 높았으니까요.

교육부가 작성한 '2012~2013년 상반기 학생 1만 명당 월 평균 학교 폭력 현황 분석'에 따르면, 학생인권조례가 제정된 서울, 경기, 광주 등의 학교 폭력 심의 건수 감소율은 48.1%로, 학생인권조례가 없는 다른 지역의 28.5%보다 19.6% 더 감소한 것으로 나타났어요.

인권을 중요한 가치로 여기면서, 학교 폭력 없는 안전한 학교, 평화로운 학교가 정착되어 가고 있어요. 또한 상대적으로 자유로운 혁신학교나 대안학교 같은 곳에서는 학교 폭력 때문에 걱정하는 일이 거의 일어나지 않고 있어요. 역시 답은 학교 자체에서 찾아야 할 것 같아요.

CCTV에 내가 나온다면

서울에 사는 평범한 직장인이 하루 종일 CCTV 카메라에 찍힐 확률은 몇 %나 될까요? 답은 100%입니다. 집 주변, 거리 곳곳, 직장에까지 그가 가는 곳마다 CCTV 카메라를 만나야 할 테니까요. 실제로 조사를 해 본 적도 있어요. 국가인권위원회가 2010년에 조사를 해 보니, 도시에 사는 보통 사람의 경우, 공공기관이 아닌 개인이 운영하는 CCTV에 하루 평균 83차례나 노출된다고 합니다. 하루 평균이 이 정도이니, 집 밖으로 나가는 순간부터 CCTV 카메라를 만나게 되는 거예요. 실제로 개인이 설치한 CCTV는 주택가와 상가, 학교, 도로, 인도, 시장 등 생활 전 영역에 걸쳐 설치되어 있어요. 국가인권위원회 조사에 따르면, 이동할 때는 평균 9초에 한 번씩 CCTV에 노출된다고 해요.

전국에 대략 400만 대 정도의 CCTV 카메라가 설치된 것으로 추정하는데, 이건 단지 추정일 뿐, 실제로 얼마나 많은 CCTV 카메라가 설치되었는지는 아무도 몰라요. 아무나 설치하고 있으니 정확한 통계도 없어요. CCTV 카메라만이 아니라, 요즘에는 차량용 블랙박

스도 많아요. 이것도 200만 대 정도로 추정하고 있어요. 그러니 전국 곳곳에 설치된 CCTV 카메라는 600만 대 또는 그보다 훨씬 많을 수도 있어요.

CCTV 카메라와 관련된 법률도 있기는 해요. '개인정보보호법'이죠. 법률은 ①법령에서 구체적으로 허용하는 경우, ②범죄의 예방과 수사를 위해 필요한 경우, ③시설 안전 및 화재 예방을 위해 필요한 경우, ④교통 단속을 위해 필요한 경우, ⑤교통 정보의 수집·분석 및 제공을 위해 필요한 경우 등에만 CCTV 카메라를 설치하도록 규정하고 있습니다.

그렇지만 실제로는 아무나 CCTV 카메라를 설치하고 있지요. 개인정보보호법이 정한 규정에 맞는 CCTV 카메라는 별로 없어요. 이 법을 어기면 5천만 원 이하의 과태료를 물어야 하는데, 실제로 이 법에 따라 처벌되는 사례도 별로 없어요. 2012년 국정감사에서 밝혀진 바에 따르면, 방범용 CCTV 카메라는 전국에 5만 8470대가 설치되어 있다고 하죠. CCTV 카메라를 400만 대로만 잡아도, 대략 0.01%만이 법의 테두리 안에 있는 것이에요.

게다가 개인정보보호법은 "목욕실, 화장실, 발한실(사우나실), 탈의실 등 개인의 사생활을 현저히 침해할 우려가 있는 장소의 내부를 볼 수 있도록" CCTV 카메라를 설치하면 안 된다고 분명히 규정하고 있어요. 그러나 단속도 없는 실정이라 이런 규정이 '사생활의 현저한 침해'를 막는 데 얼마나 도움이 되는지도 알 수 없는 일이에요. 아무튼 많아도 너무 많은 상황이에요. 세계에서 CCTV 카메라가 무척 많이 설치되었다는 영국도 약 250만 대라는데, 한국은 영국보다도 훨씬 많은 세계 최고 수준이에요.

한국이 전 세계에서 가장 감시할 게 많은 나라라면 모르지만, 그렇지도 않아요. 당장 치안 상황을 보아도 한국은 다른 나라보다 훨씬 더 안전해요. 전 세계에서 범죄율이 낮은 나라에 속하고, 범인 검거율은 제일 높지요. 영국, 미국, 프랑스, 독일 등의 나라와 비교해도 보통 강도나 절도 사건은 15배, 살인은 3배, 방화는 40배 정도 적게 일어나고 있어요. 인구 10만 명당 범죄 발생 건수를 비교할 때 나온 결과예요.

그런데도 CCTV 카메라가 이렇게 많이 설치된 것은 CCTV 카메라에 대한 막연한 기대 때문인 것 같아요. CCTV 카메라를 설치해 두면 범죄 예방이나 범인 검거에 도움이 될 거라 생각하기 때문이죠. 학교도 절도 사건의 예방, 학교 폭력의 예방을 위해 CCTV 카메라를 설치한다고 하지요. 우리 친구들은 학교에 설치된 CCTV 카메라를 보면 어떤 생각이 드나요? 범죄로부터 우리를 안전하게 지켜 줄 거란 생각이 드나요?

그런 기대는 너무 막연해요. 저는 이것이 '관점의 이동' 때문이라고 생각하는데, 일종의 착시 현상이 일어나는 거죠. 보통의 경우 우리 시민들은 CCTV 카메라에 찍히는 쪽입니다. 촬영을 하는 쪽이 아니라, 촬영을 당하는 쪽인 거죠. 그런데 보통 CCTV 카메라가 효과가 있다고 생각하는 것은 텔레비전 보도 등을 통해 범인을 검거하는 장면을 반복적으로 지켜본 탓입니다. 자신은 찍히는 쪽인데, CCTV 카메라와 관련한 정보는 찍는 쪽의 관점에서만 보게 되는 거죠. 이게 바로 '관점의 이동'이에요.

CCTV 카메라가 실제로 효과가 있는지도 의문이에요. 방범용 CCTV 카메라가 처음 설치된 서울 강남 지역을 볼까요? 강남구에는 2004년 8월에 방범용 CCTV 카메라 272대가 처음 설치되었고, 이로써 방범용 CCTV 카메라의 시대가 열렸어요. 강남에 CCTV 카메라가 설치된 지 3년쯤 지난 2007년에 CCTV 카메라가 어떤 효과가 있었나를 살펴보았어요. 서울 강남경찰서의 경우 범인 검거율은 86.2%로 나타났어요. 엄청나게 높은 수치죠. 이것만 보면 CCTV 카메라의 효과가 대단하다고 여길 만할 거예요.

하지만 같은 강남구를 관할하는 서울 수서경찰서의 경우 같은 기간의 범인 검거율이 71.3%였어요. 좀 이상하죠? 2007년 상반기 당시에 단 한 대의 방범용 CCTV 카메라도 설치되지 않았던 서울 중랑구의 중랑경찰서는 범인 검거율이 93.9%였어요. 관내에 방범용 CCTV 카메라가 15대만 설치된 서울 혜화경찰서는 101.8%의 범인 검거율(누적 범죄 포함)을 기록했지요. 이런 통계는 방범용 CCTV 카메라의 설치가 범인 검거와 별다른 상관관계가 없다는 것을 알려 주고 있어요.

범죄자가 바보가 아니라면, CCTV 카메라를 피하려고 하겠지요. CCTV 카메라를 통해 알 수 있는 범인에 대한 정보란 것도 기껏해야 키 170~180cm 정도 되는 남성이라는 등의 누군가를 특정할 수 없는 쓸모없는 정보에 불과합니다. 그런데도 CCTV 카메라가 무슨 만병통치약이라도 되는 것처럼, 문제의 해결책으로 제시되는 것은 이상한 일이에요. 통계와 함께 논리적 근거를 들이대면서 CCTV 카메라가 별 효과가 없다고 말하면, 그래도 설치해야 한다고 주장하는 사람들은 "없는 것보다는 낫다."라고 말하기도 해요. 그렇지 않아요. 없는 것보다 낫다는 것은 CCTV 카메라로 인한 문제나 인권침해가 전혀 없을 때에만, 그리고 비용이 들지 않을 때만 수긍할 수 있는 이야기예요.

직장이나 학교에 설치된 CCTV 카메라도 마찬가지예요. 중요한 건, 그걸 누가 보고 있느냐, CCTV 카메라를 누가 통제하는가에 있어요. 학교에 CCTV 카메라를 설치해 놓고, 교장 선생님이나 이사장님이 들여다본다면, 그게 교사나 학생들에 대한 감시와 어떻게 다를까요? 버스에 설치한 CCTV 카메라가 승객의 안전을 위한 것이라고는 하지만, 실제로는 버스 기사의 일거수일투족을 감시하는 역할도 할지 몰라요. 회사 경영진은 어쩌면 승객의 안전보다는 기사의 근무

태도를 점검하는 데 더 많은 관심이 있지 않을까요?

공항에는 알몸 투시기까지 설치해 놓았어요. 항공기 테러를 대비하는 것은 좋지만, 왜 내 알몸을 공항의 검색 관계자들에게까지 보여 줘야 하는 거죠? 한국에서는 단 한 번도 항공기 테러가 일어나지 않았어요. 물론 그래도 대비는 해야겠죠. 그렇지만 그 대비가 꼭 승객들의 알몸을 들여다봐야만 하는 건 아니잖아요?

개인 정보 수집 동의란에 체크하세요?

다음 쪽에 나오는 학생 지도를 위한 상담 기록부를 보세요. 어떤 학교는 비슷한 양식에 '자기 소개서'나 '진로상담 조사서'라는 이름을 붙이기도 하지만, 내용은 다들 비슷해요. 신입생에게 또는 새 학년이 시작될 때 학생들에게 빠짐없이 다 채워 오라고 합니다. 여러분도 써 보았을지도 모르겠네요. 그런데 이런 걸 쓸 때, 이상하다고 여긴 적은 없었나요? 뭔가 불편하거나 불쾌했던 기억은요?

아무리 학생 지도를 위한 것이라지만, 학생 지도와 무관한 학부모의 학력, 재산 정도, 구체적인 직업 등을 무분별하게 적도록 하고 있잖아요. 이건 학교에서 알 필요도 없고, 알아도 쓸모가 없는 개인 정보예요.

그런데도 마치 학부모 신상 털기 식으로 이런 개인 정보를 마구잡

학년도　학년　반 상담 기록부

성명: 한글( )　한자( )		주민등록번호: 실제 생일:　월　일　(음), (양)	
취미:　　특기 및 흥미:		종교:	혈액형:
주소: 집 전화번호:		출신 중학교:	
E-mail address:		cellular phone:	

	구분	성 명	생년 월 일	직업 (구체적으로)	최종학력	연락처
보호자	부					
	모					

가족 관계	조부( )　조모( )　형( )　누나( )　남동생( )　여동생( ) ■( )에 형, 누나, 남동생, 여동생 숫자를 기입하시오.
제일 친한 친구	본교( )　성명( )　전화번호 타교( )　성명( )　전화번호
가정 형편 정도	1. 부유함( )　2. 학교 졸업하는데 어려움 없음( )　3. 조금 힘들( ) 4. 생활보호대상자( )　5. 소년 가장( ) ■자신에게 해당되는 부분 ( )에 아라비아 숫자 "O"을 적어 넣으세요.
주거 및 자동차 유무	▶주택　1. 자기 집( )　2. 전세( )　3. 월세( ) ▶자가용　있음( )　없음( ) ■자신에게 해당되는 부분 ( )에 아라비아 숫자 "O"을 적어 넣으세요.

굵은 선으로 표시한 부분은 학교에서 수집할 필요가 없는 민감한 개인 정보이다.

이로 수집하고 있죠. 이런 민감한 개인 정보는 학생들 사이에 위화감을 만들기도 하죠. 어떤 학교는 부모는 물론 조부모와 형제자매 등 동거 가족의 학력과 직업, 직장 이름을 구체적으로 조사하기도 하고, 가정 형편도 상·중·하로 나눠 쓰도록 했어요. 구체적으로 주택 소유 형태나 자가용 유무를 묻기도 해요. 학생의 지도와 학부형의 자가용 소유 여부는 어떤 상관관계가 있나요? 불필요한 개인 정보를 제공해야 하는 경우는 이뿐이 아니에요.

한국 사람들은 태어나자마자 출생신고를 합니다. 출생신고를 하지 않은 부모는 과태료 부과 등의 처벌을 받게 되고, 출생신고가 안 된 아기는 보건소의 필수 접종을 비롯해 국가가 제공하는 일체의 서비스를 받지 못하게 됩니다. 나중에 유치원이나 초등학교에 갈 수도 없죠.

출생신고를 하면, 새로 태어난 아기에게 국가는 일종의 관리 번호를 매기는데, 바로 주민등록번호예요. 모두 13자리로 되어 있는, 한국 사람이면 누구나 갖고 있는 번호죠.

출생부터 갖게 되는 주민등록번호는 자신을 대신할 수도 있는 중요한 번호예요. 신분을 확인하는 데 쓰이는 것은 물론이고, 여러 가지 개인 정보를 식별하는 기준이 되기도 해요. 각종 전산망의 기본이 되기도 하죠. 교육행정정보시스템(www.neis.go.kr)이나 주민등록 전산망, 건강보험이나 여러 가지 의료 관련 기록들, 여권과 각종 출입국 기록, 국민연금 등 여러 가지 자료와 기록들이 주민등록번호를 기준으로 정리되고 있어요. 각종 금융거래도 마찬가지죠.

우리나라의 웬만한 인터넷 사이트들은 개인 정보를 입력해야만 가입하고 활용할 수 있어요. 사람들이 남긴 자료들이 워낙 많아서, 남의 주민등록번호를 알고 있으면, 그 사람으로 행세하는 것도 가능한

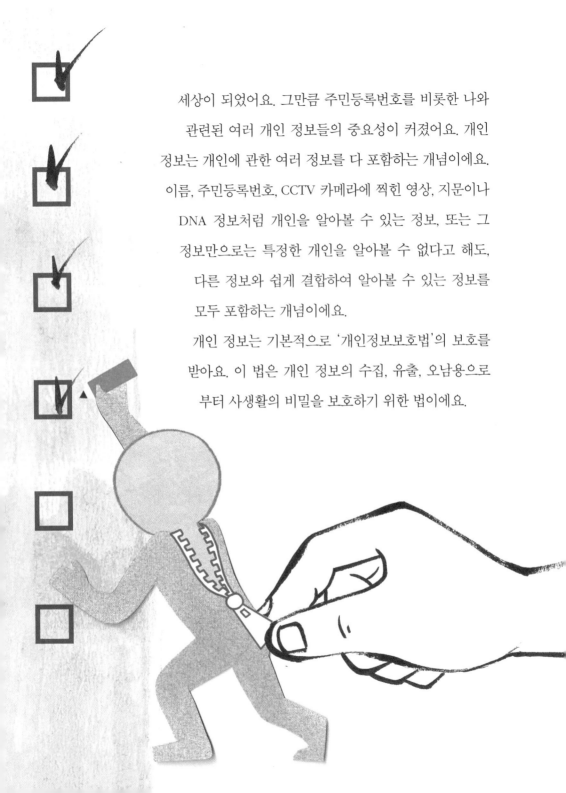

세상이 되었어요. 그만큼 주민등록번호를 비롯한 나와
관련된 여러 개인 정보들의 중요성이 커졌어요. 개인
정보는 개인에 관한 여러 정보를 다 포함하는 개념이에요.
이름, 주민등록번호, CCTV 카메라에 찍힌 영상, 지문이나
DNA 정보처럼 개인을 알아볼 수 있는 정보, 또는 그
정보만으로는 특정한 개인을 알아볼 수 없다고 해도,
다른 정보와 쉽게 결합하여 알아볼 수 있는 정보를
모두 포함하는 개념이에요.

개인 정보는 기본적으로 '개인정보보호법'의 보호를
받아요. 이 법은 개인 정보의 수집, 유출, 오남용으로
부터 사생활의 비밀을 보호하기 위한 법이에요.

개인 정보와 관련해서는 몇 가지 원칙이 있는데, 가장 중요한 원칙은 어떤 개인 정보든, 그 정보는 정보 주체의 것이라는 원칙이에요. 내 이름은 내 것, 내 주민등록번호도 내 것이지요. 그런데 꼭 필요한 어떤 목적이 있을 때는 내 개인 정보를 제공하는 경우가 있는데, 이럴 때는 '개인 정보 보호 원칙'에 따라야만 해요.

개인 정보를 처리할 때는 그 목적이 명확해야 하고, 그 목적에 필요한 범위 안에서만 최소한의 개인 정보만을 정당하게 수집해야 하는데, 이때도 적법한 절차를 밟아야 해요. 당연히 목적 외의 용도로 활용해서는 안 되죠. 국가 등 개인 정보를 처리하는 일을 하는 쪽에서는 개인 정보의 수집 때문에 정보 주체(나)의 인권이 침해될 가능성을 늘 살펴야 하고, 안전하게 관리해야 할 책임이 있어요. 또한 내 개인 정보가 어디에 쓰이고 있는지 알려 주어야 할 책임도 있어요.

이건 인권의 일반적인 원칙이기도 하지만, 개인정보보호법이 정한 법률의 원칙이기도 합니다. 어기면 형사처벌을 받는, 꼭 지켜야 할 규범이지요.

하지만 실생활에서는 이런 인권과 법률의 원칙이 제대로 지켜지지 않는 경우가 많아요. 어디에 쓸지 정확히 알 수도 없는데, 꼭 필요한 것 같지도 않은데 개인 정보를 묻는 경우가 많지요. 앞서 본 상담 기록부 같은 경우가 그렇죠. 개인 정보 보호의 원칙에 따르면, 이건 법률적 근거가 있는 개인 정보 수집도 아니고, 목적이 명확하지도 않고, 필요한 범위 내에서 최소한으로 수집하는 것도 아니에요. 그러면? 당연히 불법이죠. 학교 당국이 약자의 지위에 있는 학생과 학부형들을 상대로 불법행위를 하는 거예요.

그래서 교육부는 개인정보보호법의 원칙에 따라 2013년 7월 22일, 일선 학교에서 개인 정보의 무분별한 수집을 제한하는 내용으로 '과도한 학부모 개인 정보 수집 관행 개선 방안'을 발표했어요. 뿐만 아니라, 앞으로는 '학습 환경 조사서'를 받도록 했는데, 여기에는 교육상 꼭 필요한 정보, 이를테면 보호자 이름, 그리고 보호자의 비상 연락처는 반드시 쓰도록 하되, 학생의 생활지도와 관련한 나머지 사항들은 학부모가 자율적으로 쓰도록 했어요.

하지만 학교의 관행은 아직도 고쳐지지 않고 있는 곳이 많은 것 같아요. 어떻게 하면 좋을까요? 이때는 정보 주체가 주인 노릇을 제대로 해야 합니다. 불편하거나 굳이 학교나 교사가 알 필요가 없는 정보인 경우에는 칸을 채우지 않아도 돼요. 그 때문에 어떤 불이익도 당하지 않는 게 원칙이니까요. 그렇지만 현실은 쉽지 않겠죠. 학교에서 시키는 일을 하지 않거나 뭐라 토를 달면, 당장 나에 대한 평가가 달라지지는 않을까 싶어 두렵기도 하니까요. 이럴 땐 교육부나 해당 교육청에 알리거나(자신이 누군지 밝히지 않아도 돼요.), 인권 단체나 전교조(전국교직원노동조합) 등의 교원 단체에 알려 주세요. 필요한 도움을 받을 수 있을 거예요.

중요한 것은 자기 정보에 대해 다른 누구보다도 자기 자신이 민감하게 생각해야 합니다. 그러려면 '내 정보는 내 것'이라는 생각을 먼저 갖고 있어야겠죠.

사이버 모욕죄만 만들면 해결될까?

전 국민이 인터넷 공간에서 왕성한 활동을 하다 보니, 예전과 달리 인터넷 공간과 관련된 인권 문제가 많이 제기되고 있어요. 예전에는 국가정보원 등 비밀정보기관의 요원들이 여론을 움직이려면, 언론을 장악하거나 또는 '오피니언 리더'라 불리는 여론 주도층을 주로 공략했지만, 이제는 인터넷 공간에서 '댓글 달기' 등을 통해 활약하고 있잖아요.

'○○녀'라며 인터넷 공간에서 신상 털기를 한다든지, 특정 지역 사람들을 집단적으로 모욕하거나 하는 일이 인터넷 공간에서 가끔 벌어지고 있어요. 인터넷 공간의 익명성을 활용해, 상대방에게 모욕을 주거나 명예훼손을 하는 등의 인권침해가 자주 발생하고 있는 거죠. 특정 집단이 모인 곳에서는 누군가를 따돌리거나 괴롭히는 일도 있지요.

인터넷 사용 인구가 늘어난 만큼, 인터넷 공간에서의 인권침해 논란도 늘어났어요. 문제는 심각한데, 그 해법은 제대로 마련되지 않는 형편이에요.

　인터넷 공간에서의 인권침해를 막아야 할 가장 큰 책임은 당연히 정부에 있답니다. 그런데 정부가 내놓은 인터넷 인권 관련 처방들은 처방이라고 하기 어려운 것들이 많거나, 인터넷 공간에서의 인권침해를 핑계로 인터넷 공간에서의 자유를 위축시키려는 것들이 많았어요.

　사이버 모욕죄를 신설하려는 게 대표적이었어요. 모욕이란 게 워낙 주관적인 감정에 따라 달리 느끼는 거잖아요. 그래서 모욕죄는 친고죄로 되어 있어요. 모욕을 당했다고 여기는 당사자가 문제 제기를 해야만 국가기관이 나서서 처벌을 할 수 있도록 한 거죠. 모욕을 이유로 처벌을 하는 나라도 일본을 제외하고는 거의 찾아볼 수 없어요. 다른 나라에서는 모욕을 이유로 형사처벌하는 법률 자체가 거의 없어요.

　그런데 사이버 모욕죄는 피해자의 문제 제기가 없어도, 수사기관이 나서서 처벌할 수 있도록 하자는 거예요. 인터넷 공간에서 대통령이나 정부를 욕하는 사람들이 있으면, 수사기관이 찾아내서 대통령이나 정부에서 일하는 사람의 고소가 없어도 쉽게 처벌하기 위한 것이죠. 다행히 이런 법이 통과되는 것은 야당의 반대로 막을 수 있었지만, 비슷한 발상에서 비롯된 시도는 여러 번 있었어요. 앞으로도 또 비슷한 것을 들고 나올 가능성은 남아 있죠.

어떤 문제를 해결할 때, 형사처벌은 '최후의 수단'이라고 해요. 다른 방법이 전혀 없을 때 마지막으로 쓰는 방법이란 거죠. 인터넷에서 듣기 싫은 소리가 나온다면, 먼저 그 원인을 따져 보고 그런 소리들이 나오지 않도록 정책을 바꾸거나 시민들과 소통을 하는 게 대통령이나 정부의 역할 아니겠어요? 형사처벌을 앞세우는 건 결코 옳은 방법이 아니에요.

2008년 촛불집회가 한창일 때 인터넷 공간에서 '미네르바'라는 이름으로 활동하는 사람이 있었어요. 이 사람은 인터넷 포털 사이트에 정부의 경제정책을 비판하는 글을 쓰면서, 인터넷의 '경제 대통령'으로까지 불리며 화제가 되었던 사람이었어요. 그런데 검찰이 나서서 갑자기 이 사람을 구속시켰어요. 대통령에게 부담이 된다는 이유였죠. 이런 식으로 대응하면 인터넷 공간 전체가 얼어붙게 됩니다. 물론 이런 점을 정부에서 노린 것이었겠지요. 민주주의 국가라면 최소한 표현의 자유만은 보장해야 하는 거 아닌가요?

그렇다고 인터넷 공간에서의 심각한 모욕, 명예훼손을 그냥 보고만 있을 수도 없잖아요. 어떻게 하면 좋을까요? '일베(일간베스트 저장소)'처럼 특정 지역 사람들이나 여성을 매도하는 글로 인터넷 공간을 도배하다시피 하는 사람들도 있는데, 그런 사람들도 그냥 두어야 할까요?

인터넷 공간에서의 표현의 자유가 아무리 중요해도, 일베처럼 반

인류 범죄를 조장하는 경우까지 보장할 수는 없다는 의견도 있어요. 충분히 일리 있는 의견입니다. 물론 아주 심각한 경우엔 당연히 처벌해야죠. 차별을 조장하는 표현의 자유까지 인정할 수는 없어요. 다른 사람의 인권을 침해하는 권리를 보장할 수 없기 때문이죠. 하지만 일베 같은 사이트를 만약 강제로 폐쇄한다면, 비슷한 또 다른 사이트가 금세 나타날 거예요. 당장의 처방일 뿐, 근본적인 처방과는 거리가 멀어요.

인터넷 공간에서의 악플 문제를 비롯한 여러 가지 인권침해 문제에 대해 딱 떨어지는 정답은 없지만, 인터넷 공간의 문제는 일종의 시장 논리로 풀어야 합니다. 질이 낮은 형편없는 물건을 파는 가게가 장사가 잘될 턱이 없잖아요. 마찬가지로 그런 형편없는 글을 쓰는 공간이나 사람은 외면하면 돼요. 실제로 많은 누리꾼들이 이렇게 대응하고 있죠. 결국 그런 사람들은 자연히 사라지게 되겠죠.

물론 이것만으로 해결할 수 없는 건 분명해요. 정말 지독한 경우도 있으니까요. 그럴 때는 당사자들이 문제 제기를 해야겠죠. 먼저 삭제 요청, 사과 요구 등이 있어야겠죠. 이를 위한 법률적 근거가 '정보통신망 이용촉진 및 정보보호 등에 관한 법률'이에요. 이 법은 정보통신 서비스를 이용하는 사람의 개인 정보를 보호하고, 정보통신망을 건전하고 안전하게 이용할 수 있는 환경을 조성하기 위해 만든 법이에요.

이 법은 인터넷 공간에서 사생활 침해나 명예훼손 등으로 인권침해가 생기면, 피해자가 정보통신망 서비스 제공자에게 삭제 또는 반박 내용의 게재를 요구할 권리를 보장하고 있습니다. 그러면 서비스 제공자는 지체 없이 삭제 또는 임시 조치 등의 필요한 조치를 하고, 이를 당사자(피해자)에게 알려 주어야 합니다.

문제가 있으면 인터넷 환경을 담당하는 부처인 방송통신위원회나 한국인터넷진흥원 등의 기관에 민원을 제기할 수도 있고, 민사소송을 제기하거나 마지막 수단이겠지만, 수사기관에 고소를 할 수도 있습니다.

역시 가장 좋은 것은 악담이 판치는 인터넷 사이트에 발길을 끊는 것이겠죠. 사람의 가치를 귀하게 여기고 좋은 정보를 공유하는 사이트도 많으니까, 굳이 쓰레기통을 뒤지고 있을 까닭은 없겠죠. 어떤 악질적인 사람이 있다면, 그 사람을 인터넷 공간에서 도태시키는 것도 한 방법이겠죠. 그런데 이건 쉽지 않아요. 단지 의견의 차이 때문에 왕따시키는 것과 분명한 구별이 있어야 할 텐데, 여러 글이 오가는 중에는 이것을 구별하기는 쉽지 않을 테니까요.

인터넷은 바다와 같은 공간입니다. 넓고 또 깊지요. 그래서 가끔 쓰레기나 오물이 들어오기도 하지만, 그렇다고 바다 자체가 문제인 것은 아니에요. 여러 사람이 활동하는 공간이니 여러 사람이 함께 노력하면 인터넷 환경도 얼마든지 맑고 밝게 만들 수 있을 거예요.

너무 뻔한 정답이죠? 그래도 몇몇 악성 존재 때문에, 저 넓고 푸른 바다를 숨 쉴 자유조차 없는 곳으로 만들 수는 없잖아요. 자, 그러기 위해서는 우리 모두의 인권 의식이 좀 더 높아져야겠죠.

　지금까지 몇 가지 인권 문제를 살펴보았어요. 인권도 바다와 같이 넓고 깊어서 여러 분야를 두루 살피는 건 불가능하기 때문에, 우리 친구들과 관계있는 몇 가지만 살짝 들여다봤어요.

● 나의 인권을 지키려면

인권 문제와 관련해서는 언제든지 전문 단체나 국가기관의 도움을 받을 수 있다. 그리고 인권 의식을 높이기 위한 공부도 필요하다. 인권연대에서 인권 교육을 받은 대학생들의 모습(왼쪽)과 인권 전담 독립 국가기관인 국가인권위원회의 홈페이지(오른쪽).

인권침해를 당할 때는 어떻게 하면 좋을까요? 그 이전에 뭐가 인권침해인지부터 알아야겠죠. 이를테면 아르바이트를 하는 학생들의 경우에는 아르바이트생이라고 최저임금(2014년 기준 시간당 5,210원)을 주지 않는다면 인권침해를 당한 거예요. 아르바이트를 하기 위해서는 업무를 익혀야 하니, 그동안에는 최저임금을 주지 않겠다고 해도 마찬가지예요. 정규직이든 비정규직이든 아르바이트를 하든 노동을 제공하는 노동자에겐 모두 최저임금 이상의 임금을 주어야 해요. 이건 법률로 정해진 원칙이에요.

최저임금도 받지 못하는 아르바이트생이 종종 있어요. 잘 모르기 때문이죠. 내가 지금 겪고 있는 일이 인권침해인지 아닌지 잘 모를 때, 헷갈릴 때도 있어요. 그러니까 인권을 침해받지 않으려면 최소한의 공부는 해야 해요. 인터넷에서 간단한 검색만으로도 도움을 받을 수 있을 거예요.

기준이 뭔지조차 알지 못한다면, 인권침해를 당하고 있어도 그게 인권침해를 알지 못하게 되죠. 내가 가져야 할 정당한 것을 남에게 빼앗기면서도 알지 못한다면, 정말 억울하고 답답한 일이잖아요.

기준을 알게 되었고, 그래서 인권침해인지 알았다면, 역시 같은 방법으로 이 문제를 어떻게 해결할 수 있을까 고민해 봐야겠죠.

노동과 관련된 문제라면 지방노동위원회에 물어보면, 금세 답을 찾을 수 있어요. 언론에 의한 인권침해면 언론중재위원회, 기타 다양한 인권침해는 국가인권위원회의 도움을 받을 수 있어요. 때에 따라선 경찰에 수사를 요구할 수도 있고, 직접 상대방을 고소할 수도 있겠지요. 이런 기관들을 통해 인권침해 문제를 해결하는 데는 비용이 들지 않아요. 인권단체에 도움을 청하거나, 선생님, 부모님, 친구들의 도움을 받는 것도 필요하겠죠.

무엇보다 중요한 것은 그게 인권침해인가를 판단하는 것이에요. 그리고 인권침해를 당했다고 알게 된다면, 망설이지 말고 주변 사람들이나 국가기관의 도움을 받으세요. 인권침해를 당한 사람에게는 그 침해를 구제받을, 또는 원상회복이 될 권리가 있으니까요.

절대 혼자서 해결하려고 하지 말고, 도움을 받으세요. 그건 청소년들만 아니라, 성인의 경우에도 마찬가지랍니다. 혼자서는 고민에 고민을 거듭해도 풀리지 않는 숙제가 전문가나 국가기관의 도움을 받으면 단박에 쉽게 풀리는 경우도 많아요.

인권 감수성,
머리가 아닌
가슴으로 아는 것

이 책의 첫머리에서 이야기했던 장애인에게 우산을 씌워 준 친절한 경찰관 이야기 기억하고 있죠? 뜻밖에도 당사자였던 장애인은 불쾌해했다고 했어요. 왜 그랬을까요?

그 장애인의 이야기는 이래요. 자신이 도움을 청하지도 않았는데, 경찰관이 묻지도 않고 도와줬다는 거예요. 장애인의 인권을 위해 시위를 벌이는 상황인데도 마치 장애인을 불쌍한 사람, 도와줘야만 하는 사람으로만 여겼다는 거예요. 게다가 그 사진을 촬영한 사람은 자신에게 묻지도 않고 그 사진을 인터넷에 올렸다는 거예요. 자신의 의지와 상관없이 자신이 불쌍한 사람으로 여겨지는 게 너무 싫었다고 했어요.

어때요? 좀 생각할 문제가 있는 것 같죠? 우리가 공동체의 구성원으로서, 또 양심이 있는 사람으로서 누군가를 돕는다는 것은 아주 당연한 일이에요. 하지만 그게 정당한 일이 되려면, 도움이 필요한지를 먼저 물어야 합니다. 먼저 묻지 않고 돕는다면, 자신의 의도와 상관없이 폭력이 될 수도 있어요.

만약 우리 친구들이 지하철에서 내렸는데 역 안 계단 앞에 휠체어 사용 장애인이 앉아 있다면, 어떻게 해야 할까요? 마침 친구들 여럿과 함께 있기에 그 장애인을 도와줄 수 있다면? 당연히 그 장애인이 계단으로 올라갈 수 있도록 도와주어야겠죠. 하지만 이럴 때 놓치지 말아야 할 것이 있어요. 그건 그 장애인에게 "도와 드릴까요?"라고 먼저 묻는 거예요. 만약 묻지도 않고 휠체어를 번쩍 들어 올린다면, 큰 실례가 돼요. 그분이 그곳에서 친구를 기다리고 있을지도 모르잖아요.

흔히 다수자의 지위에 있는 사람들은 소수자의 지위에 있는 사람들에게 그냥 잘해 주기만 하면 된다고 생각하는 경향이 있어요. 당연히 잘해 주어야죠. 마음속에서 들리는 양심의 소리에 귀 기울여야 해요. 하지만 그 전에 해야 할 일은 먼저 도움이 필요한지 묻는 거예요. 묻지도 않고 돕는다면, 큰 실례가 된다고요. 앞서 말한 장애인의 경우를 그저 까칠한 사람이라고만 여기면 곤란해요. 일종의 자존감의 표현이고, 또 자기 자신의 인권을 소중히 여기는 태도에서 비롯된 거니까요.

미국의 발명가 엘리 휘트니는 아프리카에서 끌려온 노예들의 고된 노동을 덜어 주기 위해 목화씨를 빼내는 기계인 조면기를 발명했다고 해요. 그러나 조면기 발명 이후, 면화 생산량이 급증했고 미국은 더 많은 노예를 필요로 했어요. 더 많은 아프리카 사람들이 끌려오게 되었죠. '선의의 역설'이라고 할까요.

비를 맞든 피하든 그건 장애인 당사자의 선택이었어야 해요. 친절

이 인권침해라고 하긴 어렵겠지만, 상대방의 입장을 존중하며 먼저 묻지 않았다면, 그 친절이 상대를 불쾌하게 할 수도 있겠지요.

인권을 알고 이해하고, 나아가 지키고 실천하기 위해서는 머리보다는 가슴이 훨씬 더 중요해요.

인권은 결국 나 자신을 비롯한 모든 사람이 존엄하고 가치 있다는 사실에서 출발하는 건데, 모든 사람이 단 한 사람의 예외도 없이, 존엄하고 가치 있다는 것은 단지 머리로만 이해할 수 있는 일은 아니에요. 가슴으로 받아들여야 하는 영역이죠.

전쟁은 가장 대표적인 인권침해예요. 만약 전쟁에 대해 일반적으로 언론이 보도하는 것처럼 어떤 지역에서 어떤 공격이 있었고, 이를 통해 많은 사람들이 죽었다는 보도를 접한다면, 어떤 느낌이 들까요? 그건 우리가 외신을 통해 접하는 그저 그렇고 그런 이야기가 될 가능성이 많아요. 만약 감수성이 뛰어난 사람이라면, 이 건조한 이야기 속에서도 팔다리가 떨어져 나가고 가족을 잃은 슬픔에 울부짖는 사람들의 고통까지 떠올리겠지만, 보통 사람들의 경우엔 쉽지 않죠.

같은 전쟁 이야기라도 아이를 잃은 슬픔을 참지 못해 통곡하는 한 어머니의 사진을 본다면 어떨까요? 대부분은 마음이 아프겠지요. 전쟁의 비극에 대해 수많은 지식 정보보다 어쩌면 그 한 장의 사진이 더 많은 것을 이야기해 줄 수도 있어요. 인권 문제를 머리로만 이해하는 것과 가슴으로 이해하는 것의 차이는 이렇게 커요.

　인권에서는 이렇게 가슴으로 이해하는 것을 '인권 감수성'이라고 부릅니다. 인권을 안다는 것은 먼저 인권을 느낀다는 것을 뜻합니다. 일종의 '떨림' 같은 것이 필요하다는 말이죠.

　감수성은 타고나는 것은 아니에요. 어린 시절부터 육식을 좋아하고, 다른 생명이 당하는 고통에 둔감한 사람이라도 어느 날 갑자기 한 편의 다큐멘터리 영화 때문에 채식주의자나 동물권 옹호론자가 될 수도 있는 것처럼, 마음을 열고 눈과 귀를 열어 두는 훈련을 하면 감수성을 키울 수 있어요.

친구들에게

인권은 나와 이웃을 행복으로 이끄는 가장 확실한 가치이며 수단입니다. 그동안 인권에 대한 오해가 적지 않았어요. 나와 무관한 정치적인 일로만 여기는 경우도 많았지요. 인권을 흔히들 가치이자 수단이라고 하는데, 그 수단을 여태까지는 기껏해야 정치적 반대 세력을 공격하기 위한 칼 정도의 의미로만 이해하기도 했어요. 하지만 인권은 칼만이 아니라, 사람을 고치는 붕대나 약품의 역할도 하고, 때론 삽, 숟가락, 펜이 되기도 해야 합니다.

　인권을 통해서 내가 먼저 행복해지고, 그 행복이 이웃에게로 옮겨

갔으면 좋겠어요. 보통 인권에 대해 오해하는 사람들은 나와는 무관한 가치, 그저 약자·소수자들에게만 필요한 어떤 것처럼 여기는 경우가 많아요. 하지만 결코 그렇지 않답니다.

인권은 나 자신의 문제예요. 인권이란 개념 자체가 개인에서 비롯된 거예요. 주로 개인과 국가와의 관계를 풀기 위한 답을 찾는 과정에서 도출된 개념이지요. 그러니 자기 자신의 행복에 대해서 꺼려할 필요는 전혀 없어요. 내가 먼저 행복해져야, 나와 관계 맺고 소통하는 사람들도 행복해질 가능성이 높아지는 거잖아요.

행복은 거저 얻어지는 건 아니랍니다. 행복해지기 위한 상상력도 필요하고, 공부도 필요하고, 노력도 필요합니다. 자기 자신을 존중하는 일관된 태도도 필요하지요.

좋은 책, 좋은 신문, 좋은 방송, 좋은 인터넷 매체를 통해 우리 사회 곳곳의 인권 문제와 만나고 인권 문제를 제대로 보는 안목을 키웠으면 좋겠어요. 사람을 존중하는가, 아니면 소수의 경제적 이익만을 우선하는가의 태도는 현실에서는 아주 극명하게 갈라져요. 그걸 포착하는 눈과 귀는 부지런한 연습과 공부를 통해서만 얻을 수 있습니다. 끊임없이 생각하고 또 생각해야 해요. 다른 것을 떠나서 나에게 이익이 되는 게 뭔지를 살피기 위해서라도 생각하고 또 생각해야 해요. 그러지 않으면 속기 쉬워요. 학과 공부도 중요하지만, 어떻게 하면 내가 행복하게 사람답게 살 수 있는지를 공부했으면 좋겠어요. 이를테면 공부를 하는 까닭을 알기 위한 공부겠지요.

무엇보다 우리 친구들이 자기 자신을 귀하게 여기고, 자기 자신을 사랑했으면 좋겠어요. 사랑을 하는 것도 연습이 필요해요. 자기 자신을 긍정하고 존중하는 노력, 자기 자신과 친해지려는 노력이 필요하죠. 자기 자신을 사랑하기 때문에, 자신의 인권이 침해되지 않도록 늘 주의를 기울였으면 좋겠어요. 이 마음이 넓어지면 이웃에 대해서도 그 사람의 인권이 침해되지 않았으면 좋겠다는 마음으로도 이어질 수 있을 테니까요.

만약 오늘 내가 좋은 생각, 인권에 대한 좋은 의지를 갖게 되었더라도, 그게 영원불멸의 것은 아니에요. 인권의 내용과 목록 자체가 하루가 멀다 하고 변하기 마련이고, 좋은 생각, 좋은 의지를 가로막는 현실적인 걸림돌들은 그 힘이 막강하니까요. 그러니 인권 공부는 앞으로도 계속해야겠죠.

함께 인권에 대해 공부할 기회를 가져서 기뻤어요. 앞으로도 좋은 기회가 많았으면 좋겠네요. 우리 친구들의 삶이 보람과 기쁨이 늘 함께하는 좋은 삶이 되길 바랄게요.

생각이 찾아오는 학교 너머학교

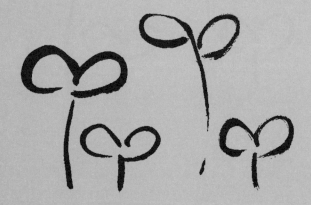

생각한다는 것
고병권 선생님의 철학 이야기
고병권 지음 | 정문주 · 정지혜 그림

탐구한다는 것
남창훈 선생님의 과학 이야기
남창훈 지음 | 강전희 · 정지혜 그림

기록한다는 것
오항녕 선생님의 역사 이야기
오항녕 지음 | 김진화 그림

읽는다는 것
권용선 선생님의 책 읽기 이야기
권용선 지음 | 정지혜 그림

느낀다는 것
채운 선생님의 예술 이야기
채운 지음 | 정지혜 그림

믿는다는 것
이찬수 선생님의 종교 이야기
이찬수 지음 | 노석미 그림

논다는 것
오늘 놀아야 내일이 열린다!
이명석 글 · 그림

본다는 것
그저 보는 것이 아니라 함께 잘 보는 법
김남시 지음 | 강전희 그림

잘 산다는 것
강수돌 선생님의 경제 이야기
강수돌 지음 | 박정섭 그림

사람답게 산다는 것
오창익 선생님의 인권 이야기
오창익 지음 | 홍선주 그림

삼국유사,
끊어진 하늘길과 계란맨의 비밀
일연 원저 | 조현범 지음 | 김진화 그림

종의 기원,
모든 생물의 자유를 선언하다
찰스 다윈 원저 | 박성관 지음 | 강전희 그림

너는 네가 되어야 한다
고전이 건네는 말 1
프리드리히 니체 외 원저 | 수유너머R 지음 | 김진화 그림

나를 위해 공부하라
고전이 건네는 말 2
공자 외 원저 | 수유너머R 지음 | 김진화 그림

독서의 기술,
책을 꿰뚫어보고 부리고 통합하라
모티머 J 애들러 원저 | 허용우 지음

생각연습
생각의 근육을 키우는 질문 34
리자 하글룬트 글 | 서순승 옮김 | 강전희 그림

그림을 그린 **홍선주** 선생님은
이리저리 딴 곳을 기웃거리다가 책 속에 그림을 그리는 사람이 되었습니다. 어린이책을 만들며 이모저모 새롭게 세상을 알아
가는 것이 즐겁습니다.
『포도대장 장붕익, 검계를 소탕하다』 『너, 공주 부여에 있니?』 『소원을 그리는 아이』 『초정리 편지』 등에 그림을 그렸습니다.

■ 사진 제공: Wikimedia Commons, 연합뉴스, 인권연대

사람답게 산다는 것

2014년 5월 10일 제1판 1쇄 인쇄
2023년 3월 20일 제1판 8쇄 발행

지은이	오창익
그린이	홍선주
펴낸이	김상미, 이재민

기획	고병권
편집	김세희
디자인기획	민진기디자인

종이	다올페이퍼
인쇄	청아문화사
제본	광신제책

펴낸곳	너머학교
주소	서울시 서대문구 증가로20길 3-12
전화	02)336-5131, 335-3366, 팩스 02)335-5848
등록번호	제313-2009-234호

ⓒ 오창익, 2014
이 책의 저작권은 저자에게 있습니다.
저자와 출판사의 허락 없이 내용의 일부를 인용하거나 전재하는 것을 금합니다.
ISBN 978-89-94407-24-1 44330
ISBN 978-89-94407-10-4 44080(세트)

너머북스와 너머학교는 좋은 서가와 학교를 꿈꾸는 출판사입니다.